Stoicismo per narcisista

Un percorso verso la consapevolezza di sé, la crescita personale e il miglioramento delle relazioni

Frank Briggs

SOMMARIO

introduzione

Il paradosso del narcisismo e dello stoicismo

Benvenuto, caro lettore, in un viaggio di trasformazione che unisce due mondi apparentemente contraddittori: narcisismo e stoicismo. A prima vista, questi concetti potrebbero sembrare incompatibili. Il narcisismo, con la sua attenzione all'auto ammirazione e alla convalida esterna, contrasta nettamente con l'enfasi dello stoicismo sull'umiltà, sulla pace interiore e sulla resilienza. Eppure, è proprio questo paradosso che racchiude il potenziale per una profonda trasformazione personale. Abbracciando i principi stoici, coloro che si identificano o sono influenzati da tratti narcisistici possono intraprendere un percorso verso l'autoconsapevolezza, la crescita personale e relazioni più sane.

Comprendere il narcisismo: tratti e sfide

Per percorrere questo viaggio, dobbiamo prima comprendere il terreno del narcisismo. Il narcisismo è spesso frainteso, dipinto a grandi linee come mera vanità o arroganza. Tuttavia, è molto più complesso e comprende uno spettro di comportamenti e atteggiamenti che possono influenzare profondamente la vita e le relazioni di una persona. I tratti chiave includono un esagerato senso di importanza personale, un costante bisogno di ammirazione, una mancanza di empatia e un'intensa sensibilità alle critiche. Queste caratteristiche possono portare a sfide significative, come relazioni tese, disordini interni e una ricerca insoddisfatta di convalida esterna.

Per coloro che lottano con tendenze narcisistiche, la vita può sembrare una performance incessante, una ricerca per mantenere un'immagine di perfezione. Dietro questa facciata spesso si nasconde una paura profondamente radicata di vulnerabilità e inadeguatezza. La ricerca dell'approvazione costante può essere estenuante e portare a cicli di grandiosità e disperazione. È qui, nel mezzo di queste lotte, che lo stoicismo offre un faro di speranza.

Le idee sbagliate sullo stoicismo

Prima di approfondire il modo in cui lo stoicismo può aiutare in questo viaggio, è essenziale dissipare alcune idee sbagliate comuni sullo stoicismo stesso. Molti percepiscono lo stoicismo come una filosofia fredda e priva di emozioni che sostiene la soppressione dei sentimenti e la sopportazione della sofferenza con il labbro superiore rigido. Questo non potrebbe essere più lontano dalla verità.

Lo stoicismo, fondato da Zenone di Cizio e sviluppato da grandi menti come Epitteto, Seneca e Marco Aurelio, è una filosofia che ci insegna a vivere in armonia con la natura, a coltivare virtù come saggezza, coraggio, giustizia e temperanza, e raggiungere la tranquillità attraverso il pensiero razionale e la regolazione emotiva. Non richiede la soppressione delle emozioni ma incoraggia la comprensione e la gestione delle stesse in modo costruttivo. Lo stoicismo consente agli individui di concentrarsi su ciò che è sotto il loro controllo e di accettare con grazia ciò che non lo è, favorendo un senso di pace interiore e resilienza.

Come lo stoicismo può aiutare i narcisisti: un approccio controintuitivo

Ora, potresti chiederti, come può una filosofia che enfatizza l'umiltà e la virtù avvantaggiare qualcuno con tendenze narcisistiche? La risposta sta nel potere trasformativo delle pratiche storiche. Guidando gli individui a guardarsi dentro, a mettere in discussione i propri pensieri e reazioni automatici e a coltivare un'autentica consapevolezza di sé, lo stoicismo fornisce gli strumenti per liberarsi dalle catene dei modelli narcisistici.

Per il narcisista, il viaggio inizia con la consapevolezza di sé. Lo stoicismo ci insegna ad osservare i nostri pensieri e le nostre azioni senza giudizio, a comprendere le nostre motivazioni e a riconoscere l'impatto del nostro comportamento su noi stessi e sugli altri. Questa pratica può illuminare le paure e le insicurezze nascoste che guidano i comportamenti narcisistici, offrendo un percorso verso un'autentica comprensione di sé.

Inoltre, i principi stoici possono aiutare i narcisisti a sviluppare resilienza e stabilità emotiva. Concentrandosi su ciò che è sotto il loro controllo e lasciando andare il bisogno di convalida esterna, gli individui possono coltivare un senso di forza interiore e autonomia. Lo stoicismo incoraggia anche l'empatia e la compassione, virtù che possono trasformare le relazioni e favorire connessioni più profonde e significative.

Impostazione del palcoscenico: obiettivi e struttura del libro

Questo libro è strutturato per guidarti passo dopo passo attraverso questo viaggio di trasformazione. I nostri obiettivi sono tre: favorire la consapevolezza di sé, promuovere la crescita personale e migliorare le relazioni. Ogni sezione del libro affronta questi obiettivi attraverso la lente della filosofia stoica, offrendo esercizi pratici, esempi di vita reale e riflessioni approfondite.

- **Parte 1: Consapevolezza di sé**: Esploreremo il concetto di autocoscienza, approfondendo i tratti narcisistici che la ostacolano e le pratiche storiche che possono potenziarla. Imparerai tecniche per un'onesta autoriflessione, abbracciando la vulnerabilità e coltivando la consapevolezza.
- **Parte 2: Crescita Personale**: questa sezione si concentra sullo sviluppo della resilienza e della forza interiore, sullo sviluppo dell'autodisciplina e sulla ricerca

di uno scopo oltre gli obiettivi egocentrici. Attraverso esercizi storici e consigli pratici, imparerai a trasformare il tuo mondo interiore e favorire una crescita genuina.

- **Parte 3: Relazioni migliorate**: Esamineremo l'impatto del narcisismo sulle relazioni ed esploreremo le strategie stoiche per coltivare l'empatia, la comunicazione efficace e la risoluzione dei conflitti. Scoprirai come costruire e sostenere relazioni sane e appaganti.
- **Parte 4: Integrazione e Padronanza**: La sezione finale fornisce indicazioni su come creare una pratica stoica quotidiana, superare le battute d'arresto e mantenere i progressi. Imparerai a integrare i principi stoici nella tua identità, a celebrare la tua crescita e a ispirare gli altri con il tuo viaggio.

Intraprendi questo percorso con il cuore e la mente aperti. Il viaggio può essere impegnativo, ma le ricompense – consapevolezza di sé, crescita personale e relazioni arricchite – sono profonde. Cominciamo questa esplorazione trasformativa, guidati dalla saggezza degli stoici, verso una vita di maggiore realizzazione e autenticità.

Parte 1: Consapevolezza di sé

Capitolo 1: Svelare il vero sé

Abbracciare la scoperta di sé: un invito stoico

Benvenuti al primo passo di un percorso verso una profonda trasformazione. In questo capitolo intraprendiamo un viaggio per svelare il vero sé, un viaggio che è allo stesso tempo illuminante e liberatorio. Come stoico, ti invito ad affrontare questa esplorazione con coraggio, curiosità e compassione. Il processo di scoperta di sé è fondamentale per la crescita personale e il miglioramento delle relazioni. Comprendendo chi siamo veramente, gettiamo le basi per un cambiamento duraturo.

Il narcisismo e la maschera della perfezione

Il narcisismo spesso comporta la costruzione di una facciata di perfezione. Questa maschera, realizzata meticolosamente e difesa fieramente, è progettata per raccogliere ammirazione e proteggere dalle critiche. È una barriera protettiva che nasconde insicurezze e paure profonde. Sebbene questa maschera possa offrire una convalida temporanea, alla fine impedisce una vera consapevolezza di sé e connessioni autentiche con gli altri.

Lo stoicismo, al contrario, ci incoraggia ad affrontare la realtà con onestà e umiltà. Per svelare il vero sé, dobbiamo prima conoscere e riconoscere le maschere che indossiamo. Ciò richiede la volontà di affrontare verità scomode su noi stessi: le nostre paure, i nostri difetti e le nostre vulnerabilità. Ma fatti coraggio, perché questo atto coraggioso è il primo passo verso la liberazione.

Il principio stoico di conoscere se stessi

Gli antichi stoici sottolineavano l'importanza della conoscenza di sé. "Conosci te stesso", la massima delfica, risuonava profondamente tra i pensatori stoici. Per gli stoici, comprendere se stessi era la pietra angolare di una vita virtuosa. Attraverso l'autoesame e la riflessione, credevano che potessimo allineare le nostre azioni con la nostra vera natura e vivere in armonia con il mondo.

Per iniziare questo processo, adottiamo una mentalità di apertura e curiosità. Avvicinati al tuo mondo interiore come un esploratore, desideroso di scoprire paesaggi nascosti. La conoscenza di sé non riguarda l'auto giudizio ma la comprensione. Si tratta di vedere noi stessi in modo chiaro e compassionevole, riconoscendo sia i nostri punti di forza che le aree di crescita.

Tecniche per l'autoriflessione e l'onestà

1. **Diario quotidiano**
   - Il journaling è una potente pratica stoica per l'autoriflessione. Ogni giorno, dedica del tempo per scrivere i tuoi pensieri, sentimenti ed esperienze. Rifletti sulle tue azioni e motivazioni. Chiediti: cosa ha spinto il mio comportamento oggi? Quali emozioni ho provato e

perché? Come ho risposto alle sfide?

- o Attraverso il giornalismo, crei un dialogo con te stesso, favorendo una più profonda comprensione di te stesso. Questa pratica ti consente di osservare modelli nei tuoi pensieri e comportamenti, illuminando aree che richiedono attenzione e crescita.

2. **La vista dall'alto**

- o Gli stoici praticavano spesso una tecnica conosciuta come "la visione dall'alto". Ciò implica immaginare te stesso da una prospettiva più elevata, osservando la tua vita come un outsider. Questo esercizio ti aiuta a staccarti dalle emozioni immediate e a vedere il contesto più ampio delle tue azioni e decisioni.

- o Adottando questa prospettiva, ottieni chiarezza e obiettività. Puoi valutare meglio in che modo i tuoi comportamenti si allineano ai tuoi valori e ai tuoi obiettivi a lungo termine. Questa pratica promuove l'umiltà e un senso di interconnessione con il mondo più ampio.

3. **Mettere in discussione i pensieri automatici**

- o Le tendenze narcisistiche spesso implicano pensieri automatici e non esaminati. Questi potrebbero includere supposizioni sul tuo valore, sulle percezioni degli altri o sul tuo bisogno di convalida. Lo stoicismo ci incoraggia a sfidare questi pensieri automatici.
- o Quando noti un pensiero ricorrente, fermati ed esaminato. Chiediti: questo pensiero è razionale? Si basa su prove o supposizioni? A cosa mi serve questo pensiero? Mettendo in discussione i tuoi pensieri, puoi identificare le distorsioni e

sostituirle con prospettive più equilibrate e costruttive.

4. **Alla ricerca di feedback onesto**

   ○ Il narcisismo può distorcere la nostra percezione di sé, rendendo difficile vedere noi stessi in modo accurato. La ricerca di feedback onesti da parte di persone fidate può fornire spunti preziosi. Avvicinati ad amici, familiari o mentori con un desiderio genuino di capire come vieni percepito.

   ○ Chiedi un feedback specifico sui tuoi comportamenti e sul loro impatto. Ascolta con una mente aperta, senza difese. Usa questo feedback per migliorare la tua autoconsapevolezza e guidare la tua crescita.

Accettare la vulnerabilità

Svelare il vero sé richiede di abbracciare la vulnerabilità. Ciò potrebbe sembrare scoraggiante, soprattutto per chi è abituato a proiettare l'invulnerabilità. Tuttavia, la vulnerabilità è una fonte di forza, non di debolezza. È la porta verso connessioni autentiche e una più profonda comprensione di sé.

Riconoscere che tutti hanno difetti e insicurezze. Accettare e possedere questi aspetti di te stesso ti consente di andare oltre. Abbracciando la vulnerabilità, ti liberi dal costante bisogno di sostenere una facciata. Crei spazio per una crescita e una trasformazione autentiche.

Praticare la consapevolezza

La consapevolezza è una pratica storica chiave che migliora la consapevolezza di sé. Coltivando la consapevolezza del momento presente, diventi più in sintonia con i tuoi pensieri, emozioni e comportamenti. La consapevolezza ti consente di osservare il tuo mondo interiore senza giudizio, favorendo una comprensione più profonda di te stesso.

- **Respirazione consapevole**: prenditi dei momenti durante la giornata per concentrarti sul tuo respiro. Nota le sensazioni dell'inspirazione e dell'espirazione. Questa semplice pratica ti radica nel momento presente e crea un senso di calma e chiarezza.

- **Meditazione sulla scansione del corpo**: Periodicamente, scansiona il tuo corpo dalla testa ai piedi, osservando eventuali aree di tensione o disagio. Questa pratica ti aiuta a connetterti con le tue sensazioni fisiche e a capire come le tue emozioni si manifestano nel tuo corpo.

- **Osservazione consapevole**: impegnarsi nelle attività con la massima attenzione. Che si tratti di mangiare, camminare o conversare, porta consapevolezza consapevole in ogni esperienza. Nota i dettagli, le sensazioni e le emozioni che sorgono.

Il viaggio inizia

Mentre concludiamo questo primo capitolo, ricorda che svelare il vero sé è un viaggio continuo. Richiede pazienza, tenacia e un atteggiamento compassionevole verso se stessi. Abbracciando i principi e le pratiche stoici, poni le basi per una profonda consapevolezza di sé e una crescita personale.

Capitolo 2: Accettare la vulnerabilità

Il coraggio di essere imperfetto: un invito stoico

Benvenuto, caro lettore, al secondo capitolo del tuo viaggio di trasformazione. Qui approfondiamo il concetto profondo e spesso scoraggiante di vulnerabilità. Abbracciare la vulnerabilità è un atto di immenso coraggio, soprattutto per coloro che sono alle prese con tendenze narcisistiche. Implica riconoscere le nostre debolezze, affrontare le nostre paure e accettare i nostri difetti personali. Tuttavia, è attraverso questo atto coraggioso che possiamo sbloccare il vero potere dell'autoconsapevolezza, portando a una vera crescita personale e a relazioni più sane.

Il potere di riconoscere le debolezze

In un mondo che spesso identifica la vulnerabilità con la debolezza, riconoscere le nostre imperfezioni può sembrare controintuitivo. Tuttavia, gli stoici capirono che la vera forza deriva dall'accettare le nostre vulnerabilità. Riconoscendo e accettando le nostre debolezze, possiamo trascendere, trasformando nel frattempo la nostra vita.

Il processo inizia con l'onestà verso se stessi. Riconoscere le nostre debolezze significa affrontare le parti di noi stessi che spesso nascondiamo o neghiamo. È un atto di profondo rispetto di sé e di autenticità. Quando ammettiamo i nostri difetti, apriamo la porta al miglioramento personale e alla crescita. Diventiamo più resilienti, adattabili ed empatici.

Consideriamo il filosofo stoico Seneca, che scrisse ampiamente delle proprie lotte e dei propri difetti. La volontà di Seneca di condividere le sue vulnerabilità rese i suoi insegnamenti più riconoscibili e potenti. Ha dimostrato che riconoscere le nostre debolezze non ci sminuisce; piuttosto, ci umanizza, favorendo una connessione più profonda con noi stessi e gli altri.

Come gli stoici affrontano le loro paure

Gli stoici erano maestri nell'affrontare le loro paure con equanimità. Hanno capito che la paura spesso deriva dal nostro attaccamento ai risultati esterni e dalla nostra riluttanza ad accettare l'incertezza. Coltivando un atteggiamento di accettazione e concentrandoci su ciò che è sotto il nostro controllo, possiamo affrontare e superare le nostre paure.

1. **Dicotomia del controllo**
   - Al centro della filosofia stoica c'è la dicotomia del controllo: la distinzione tra ciò che possiamo e ciò che non possiamo controllare. Non possiamo controllare gli eventi esterni o le azioni degli altri, ma possiamo controllare le nostre risposte e atteggiamenti. Questo principio fondamentale ci consente di affrontare le nostre paure con un senso di calma e resilienza.
   - Rifletti sulle tue paure e identifica quali aspetti sono sotto il tuo

controllo. Concentra la tua energia su queste aree e lascia andare il resto. Questo cambiamento di prospettiva può ridurre significativamente l'ansia e consentirti di affrontare le sfide con sicurezza.

2. Visualizzazione negativa

- Gli stoici praticavano la visualizzazione negativa, immaginando scenari peggiori per prepararsi alle avversità. Visualizzando potenziali sfide e battute d'arresto, hanno ridotto la paura dell'ignoto e rafforzato la loro resilienza.

- Prenditi del tempo per contemplare le tue paure. Immagina i peggiori risultati possibili e considera come affronteresti la situazione. Questo esercizio può diminuire il potere delle tue paure e aumentare la tua fiducia nel gestire situazioni difficili.

3. **Disagio volontario**

   - Gli stoici credevano nella pratica del disagio volontario per costruire la resilienza. Esponendosi intenzionalmente a difficoltà minori, si prepararono ad affrontare avversità più grandi e svilupparono un maggiore apprezzamento per le loro benedizioni.

   - Incorpora piccole sfide nella tua routine quotidiana, come fare docce fredde, digiunare o impegnarsi in conversazioni difficili. Queste pratiche possono migliorare la tua capacità di affrontare la paura e il disagio con equanimità.

Esercizi per identificare e accettare i difetti personali

1. **Autoriflessione e journaling**

   - L'autoriflessione è una pietra angolare della pratica stoica. Prenditi del tempo ogni giorno per riflettere sui tuoi pensieri, azioni ed emozioni. Usa il journaling come strumento per documentare le tue riflessioni e identificare modelli e difetti ricorrenti.

- o Chiediti: quali sono i miei pensieri negativi ricorrenti? In che modo le mie azioni si allineano ai miei valori? Quali sono le mie più grandi paure e insicurezze? Rispondendo onestamente a queste domande, puoi ottenere informazioni più approfondite sui tuoi difetti personali.

2. **Alla ricerca di feedback costruttivi**

- o Un altro esercizio potente è cercare feedback costruttivi da persone fidate. Avvicinati ad amici, familiari o mentori con un desiderio genuino di capire come vieni percepito e in che modo le tue azioni influiscono sugli altri.

- o Inquadra la tua richiesta di feedback in modo da incoraggiare l'onestà e la specificità. Ad esempio, chiedi:

"Puoi condividere un caso in cui il mio comportamento è stato inutile o offensivo? Come avrei potuto gestirlo meglio?" Utilizzare questo feedback per identificare le aree di crescita e miglioramento.

3. **Praticare l'auto compassione**
   - Abbracciare la vulnerabilità richiede auto-compassione. Riconoscere che tutti hanno difetti e commettono errori. Trattati con la stessa gentilezza e comprensione che offriresti a un amico.
   - Pratica l'auto compassione riconoscendo le tue imperfezioni senza giudicarti. Ricorda a te stesso che la crescita è un viaggio continuo e che ogni passo avanti, non importa quanto piccolo, è un progresso.

4. **Riflessione meditativa sui difetti**
   - Incorpora la riflessione meditativa nella tua routine. Siediti in silenzio e concentrati sul respiro. Quando

sorgono pensieri, dirigi delicatamente la tua attenzione sui tuoi difetti personali. Osservali senza attaccamento o giudizio, permettendo loro di andare e venire.

o Questa pratica ti aiuta a coltivare una consapevole consapevolezza delle tue imperfezioni, favorendo l'accettazione e un senso di pace. Osservando i tuoi difetti senza attaccamento, puoi iniziare a trasformarli.

La forza della vulnerabilità

Concludendo questo capitolo, ricorda che la vulnerabilità non è un segno di debolezza ma una testimonianza della tua forza e del tuo coraggio. Accettando le tue imperfezioni e affrontando le tue paure, aprì la strada a una profonda consapevolezza di te stesso e alla crescita personale. Il percorso storico non riguarda il raggiungimento della perfezione ma la ricerca del miglioramento continuo e dell'autenticità.

Abbraccia questo viaggio con il cuore e la mente aperti. Consenti alle tue vulnerabilità di guidarti verso una comprensione più profonda di te stesso e connessioni più significative. Mentre vai avanti, trai forza dalla saggezza degli stoici, sapendo che ogni passo che fai ti avvicina a una vita di maggiore realizzazione e resilienza.

Capitolo 3: Consapevolezza e consapevolezza presente

Il potere della consapevolezza: un invito stoico

Benvenuto, caro lettore, in un capitolo dedicato alla pratica trasformativa della consapevolezza e della consapevolezza presente. Nel nostro viaggio verso l'autoconsapevolezza, la crescita personale e il miglioramento delle relazioni, coltivare la consapevolezza è un passo fondamentale. La consapevolezza, l'arte di essere pienamente presenti nel momento, ci consente di liberarci dalle catene della convalida esterna e scoprire la pace profonda e la chiarezza che risiedono all'interno. Come stoico, ti invito ad abbracciare questa pratica con dedizione e cuore aperto, poiché contiene la chiave per una vita più centrata e autentica.

L'attenzione del narcisista sulla convalida esterna

Il narcisismo spesso implica una ricerca incessante di convalida esterna. Questa ricerca di ammirazione e approvazione può dominare i propri pensieri e le proprie azioni, creando un ciclo di dipendenza dalle opinioni degli altri. Questa attenzione all'esterno impedisce una vera autoconsapevolezza e la pace interiore, poiché lega il proprio senso di valore a circostanze esterne in continua evoluzione.

Lo stoicismo ci insegna a guardarci dentro, a trovare il nostro valore e la nostra contentezza dentro di noi piuttosto che da fonti esterne. Praticando la consapevolezza, possiamo spostare la nostra attenzione dalla ricerca di convalida al di fuori di noi stessi al coltivare un senso di valore autentico e interiore. Questa transizione è essenziale per liberarsi dal ciclo estenuante e insoddisfacente della convalida esterna.

Praticare la consapevolezza: tecniche e vantaggi

La consapevolezza è la pratica di prestare attenzione deliberata al momento presente, senza giudizio. Implica l'osservazione dei pensieri, delle emozioni e delle sensazioni man mano che emergono, favorendo uno stato di consapevolezza e accettazione. I benefici della consapevolezza sono profondi, soprattutto per coloro che lottano con tendenze narcisistiche.

1. **Respirazione consapevole**
   - **Tecnica**: Trova un posto tranquillo dove sederti comodamente. Chiudi gli occhi e fai un respiro profondo, seguito da un'espirazione lenta. Concentra la tua attenzione sulla sensazione del tuo respiro che entra ed esce dal tuo corpo. Se la tua mente vaga, riporta delicatamente la concentrazione sul respiro.

- **Benefici**: La respirazione consapevole aiuta a calmare la mente e il corpo, riducendo lo stress e l'ansia. Ti ancora nel momento presente, promuovendo un senso di pace interiore e chiarezza.

2. **Meditazione sulla scansione del corpo**

   - **Tecnica**: Sdraiati o siediti comodamente e chiudi gli occhi. Iniziando dalle punte dei piedi, sposta lentamente l'attenzione verso l'alto attraverso il corpo, notando eventuali aree di tensione o disagio. Respira in queste aree, rilasciando la tensione mentre espiri.

   - **Benefici**: Questa pratica migliora la consapevolezza del corpo, aiutandoti a connetterti con le tue sensazioni fisiche e a rilasciare la tensione immagazzinata. Promuove il rilassamento e una comprensione più profonda di come le emozioni si manifestano nel corpo.

3. **Osservazione consapevole**

- **Tecnica**: Scegli un oggetto nel tuo ambiente, come un fiore o un'opera d'arte. Trascorri qualche minuto osservandolo da vicino, notando i suoi colori, forme, trame e qualsiasi altro dettaglio. Coinvolgi pienamente i tuoi sensi nell'osservazione.
- **Benefici**: L'osservazione consapevole coltiva un apprezzamento più profondo per il momento presente e migliora la tua capacità di concentrazione. Aiuta a spostare la tua attenzione lontano da preoccupazioni e distrazioni, favorendo un senso di meraviglia e presenza.

4. Mangiare Consapevole

- **Tecnica**: Durante un pasto, concentrati interamente

sull'esperienza del mangiare. Nota i colori, la consistenza e i sapori del tuo cibo. Mastica lentamente e assapora ogni boccone, prestando attenzione alle sensazioni e a come risponde il tuo corpo.

- **Benefici**: L'alimentazione consapevole promuove un rapporto sano con il cibo, migliora la digestione e favorisce la gratitudine per il nutrimento che ricevi. Aiuta anche a rompere l'abitudine di mangiare insensatamente, che può essere collegata al disagio emotivo.

Pratiche storiche quotidiane per migliorare la consapevolezza di sé

Incorporare le pratiche sadiche nella tua routine quotidiana può migliorare significativamente la tua consapevolezza e autoconsapevolezza. Queste pratiche, radicate nell'antica saggezza, offrono una guida pratica per vivere una vita consapevole e intenzionale.

1. **Riflessione mattutina**
   - ○ **Pratica**: Iniziare ogni giornata con un momento di riflessione. Considera la giornata a venire e stabilisci le tue intenzioni. Chiediti: quali sono le mie priorità oggi? Come posso agire in linea con i miei valori? Quali sfide potrei affrontare e come posso gestire consapevolmente?
   - ○ **Beneficio**: La riflessione mattutina ti aiuta a iniziare la giornata con chiarezza e scopo. Allinea le tue azioni con i tuoi valori c ti prepara ad affrontare le sfide con una mentalità consapevole e stoica.
2. **Rassegna serale**
   - ○ **Pratica**: Alla fine di ogni giornata, dedica qualche minuto a rivedere le tue azioni ed esperienze. Rifletti su cosa hai fatto bene, dove hai lottato e cosa hai imparato. Chiediti: come ho risposto alle sfide? Ho agito

secondo i miei valori? Cosa posso migliorare domani?

- ○ **Beneficio**: Il ripasso serale favorisce il continuo miglioramento personale e la consapevolezza di sé. Ti consente di imparare dalle tue esperienze e apportare modifiche consapevoli al tuo comportamento.

3. **Pratica della gratitudine**
   - ○ **Pratica**: Ogni giorno, prenditi un momento per riflettere su ciò per cui sei grato. Scrivi almeno tre cose che apprezzi della tua vita, concentrandosi sia sulle benedizioni significative che su quelle piccole.
   - ○ **Beneficio**: La pratica della gratitudine sposta la tua attenzione da ciò che manca a ciò che è abbondante nella tua vita. Migliora il tuo senso di appagamento e riduce la tendenza a cercare conferme esterne.

4. **Diario storico**

   - **Pratica**: Mantieni un diario storico in cui documenti i tuoi pensieri, riflessioni e intuizioni. Utilizza suggerimenti come: cosa ho imparato su me stesso oggi? Come ho gestito le mie emozioni? Quali principi stoici ho applicato e come hanno influenzato le mie azioni?

   - **Beneficio**: Il diario storico approfondisce la tua autoconsapevolezza e rafforza i principi storici nella tua vita quotidiana. Fornisce una registrazione della tua crescita e una fonte di ispirazione per le sfide future.

5. **Camminare consapevole**

   - **Pratica**: Incorpora la camminata consapevole nella tua routine. Mentre cammini, concentrati sulla sensazione dei tuoi piedi che toccano il suolo, sul ritmo dei tuoi passi e sul movimento del tuo corpo. Nota le immagini, i suoni e gli odori intorno a te.

- **Beneficio**: La camminata consapevole ti radica nel momento presente e ti connette con ciò che ti circonda. Migliora la tua consapevolezza e fornisce un senso di pace e relax.

Il viaggio della consapevolezza

Concludendo questo capitolo, ricorda che la consapevolezza è un viaggio, non una destinazione. Richiede pratica costante e pazienza, ma le ricompense sono profonde. Coltivando la consapevolezza, puoi liberarti dal ciclo della convalida esterna e scoprire un senso di sé più profondo e autentico.

Abbraccia queste pratiche con dedizione e cuore aperto. Consenti alla consapevolezza di guidarti verso una maggiore consapevolezza di sé, pace interiore e realizzazione. Mentre prosegui su questo percorso, trai forza dalla saggezza degli stoici, sapendo che ogni momento di consapevolezza ti avvicina a una vita di maggiore autenticità e resilienza.

Parte 2: Crescita Personale

Capitolo 4: Costruire resilienza e forza interiore

Il potere della resilienza: un invito stoico

Benvenuto, caro lettore, in un capitolo dedicato a uno degli aspetti più stimolanti della crescita personale: costruire resilienza e forza interiore. La resilienza, la capacità di resistere e riprendersi dalle avversità, è essenziale per affrontare le sfide della vita con grazia e forza d'animo. Per coloro che lottano con tendenze narcisistiche, lo sviluppo della resilienza può essere particolarmente trasformativo, consentendo il passaggio da una fragile autostima basata sulla convalida esterna a un robusto senso di forza interiore. Come stoico, ti invito ad abbracciare questo viaggio con determinazione e apertura, perché ti condurrà a una profonda crescita personale e a una vita più appagante.

Comprendere la resilienza emotiva nei narcisisti

I narcisisti spesso mostrano una facciata di fiducia e invulnerabilità, ma sotto questa facciata si nasconde una fragile autostima altamente sensibile alle critiche e al fallimento. La resilienza emotiva – la capacità di adattarsi e prosperare di fronte allo stress e alle avversità – è spesso sottosviluppata negli individui con tratti narcisistici. Questa mancanza di resilienza può portare a un ciclo di comportamenti difensivi, come la negazione, lo spostamento della colpa e l'aggressività, che li alienano ulteriormente dagli altri e impediscono la crescita personale.

Sviluppare la resilienza emotiva implica coltivare un fondamento interiore di autostima che sia indipendente dalla convalida esterna. Richiede affrontare le proprie vulnerabilità, abbracciare l'imperfezione e imparare a navigare tra gli alti e bassi della vita con equanimità. Lo stoicismo offre strumenti e pratiche potenti per costruire questa resilienza, trasformando il modo in cui rispondiamo alle sfide e alle battute d'arresto.

Esercizi stoici per coltivare la fortezza interiore

Gli stoici credevano che la forza interiore si coltivasse attraverso la pratica deliberata e l'applicazione di principi filosofici. Ecco alcuni esercizi stoici chiave per aiutarti a sviluppare resilienza e forza d'animo:

1. **La dicotomia del controllo**
   - **Esercizio**: Rifletti quotidianamente sulla dicotomia del controllo, distinguendo tra ciò che puoi controllare (i tuoi pensieri, azioni e risposte) e ciò che non puoi controllare (eventi esterni, opinioni degli altri e risultati). Di fronte a una sfida, ricorda a te stesso di concentrarti sulle tue risposte interne piuttosto che sulle circostanze esterne.

o **Beneficio**: Questa pratica ti aiuta a sviluppare un senso di empowerment e serenità, mentre impari a lasciare andare ciò che è fuori dal tuo controllo e a concentrarti su ciò che puoi influenzare.

2. **Visualizzazione negativa**

o **Esercizio**: Pratica regolarmente la visualizzazione negativa immaginando potenziali sfide o battute d'arresto. Considera come affronteresti queste situazioni e visualizza te stesso mentre rispondi con resilienza e compostezza.

o **Beneficio**: La visualizzazione negativa ti prepara mentalmente alle avversità, riducendo la paura e l'ansia. Migliora la tua capacità di rimanere calmo e intraprendente di fronte a difficoltà impreviste.

3. **Disagio volontario**

o **Esercizio**: esporsi intenzionalmente a piccoli disagi, come digiunare, fare docce fredde o astenersi da lussi. Queste pratiche ti aiutano a sviluppare la resilienza mentale e fisica.

- o **Beneficio**: Il disagio volontario rafforza la tua capacità di sopportare le difficoltà e favorisce un apprezzamento più profondo per le tue benedizioni. Riduce anche la dipendenza dalle comodità esterne e rafforza la forza interiore.

4. **Riflessione stoica**

- o **Esercizio**: Alla fine di ogni giornata, impegnati nella riflessione storica rivedendo le tue azioni e risposte. Chiediti: come ho gestito le avversità oggi? Cosa ho imparato dalle mie sfide? Come posso migliorare la mia resilienza?

- o **Beneficio**: Questa pratica promuove il continuo miglioramento personale e la consapevolezza di sé. Ti aiuta a imparare dalle tue esperienze e rafforza il tuo impegno per la crescita personale.

5. **Amor Fati (Amore del destino)**
    o **Esercizio**: Abbraccia il concetto di Amor Fati accettando e amando il tuo destino, qualunque esso sia. Di fronte alle difficoltà, ricorda a te stesso che ogni esperienza è un'opportunità di crescita e saggezza.

    o **Beneficio**: Amor Fati promuove un atteggiamento positivo e proattivo nei confronti delle sfide della vita. Ti incoraggia a vedere le avversità come una parte preziosa del tuo viaggio, costruendo resilienza e forza interiore.

Storie di vita reale di trasformazione attraverso la resilienza

Per ispirarti e motivarti in questo viaggio, esploriamo alcune storie di vita reale di persone che hanno trasformato la propria vita costruendo resilienza e forza interiore:

1. **Il viaggio di James verso l'accettazione di sé**

    o James, un imprenditore di successo, ha lottato con tendenze narcisistiche che hanno portato a relazioni tese e ad un fragile senso di autostima. Dopo un significativo fallimento aziendale, ha dovuto affrontare una crisi di fiducia. Attraverso pratiche storiche come la visualizzazione negativa e il disagio volontario, James ha imparato ad abbracciare le sue vulnerabilità e a costruire resilienza. Cominciò a vedere le sfide come opportunità di crescita piuttosto che come minacce alla sua autostima. Nel corso del tempo, James ha sviluppato un senso di sé più forte e autentico, che ha portato a relazioni migliori e ad una vita più appagante.

2. **Il percorso di Sophia verso la pace interiore**

- Sophia, una professionista di alto livello, cercava costantemente la conferma attraverso i suoi risultati. Questa ricerca incessante la faceva sentire ansiosa e insoddisfatta. Introdotta allo stoicismo, Sophia iniziò a praticare la dicotomia tra controllo e Amor Fati. Ha imparato a lasciare andare il suo bisogno di approvazione esterna e si è concentrata sulla coltivazione della pace interiore. Abbracciando le sue imperfezioni e accettando l'incertezza della vita, Sophia ha costruito una resilienza emotiva che ha trasformato il suo approccio alle sfide. Oggi affronta la sua carriera con sicurezza e mantiene relazioni più sane e genuine.

3. **La trasformazione di Liam attraverso la riflessione**

    - Liam, uno studente universitario, lottava con sentimenti di inadeguatezza e paura di fallire. Le sue tendenze narcisistiche gli rendevano difficile accettare critiche costruttive o battute d'arresto. Attraverso la riflessione stoica quotidiana e il diario, Liam iniziò ad affrontare le sue paure e insicurezze. Praticò il disagio volontario per costruire resilienza e abbracciò il principio stoico dell'auto-miglioramento. Questo viaggio ha permesso a Liam di trasformare la sua mentalità, vedendo i fallimenti come opportunità di apprendimento piuttosto che come sconfitte personali. Ha sviluppato un forte senso di forza interiore che gli ha permesso di perseguire i suoi obiettivi con determinazione e grazia.

Abbracciare il viaggio della resilienza

Concludendo questo capitolo, ricorda che costruire resilienza e forza interiore è un viaggio continuo. Richiede pratica costante, pazienza e volontà di affrontare le proprie vulnerabilità. Abbracciando i principi e gli esercizi stoici, puoi coltivare un profondo e incrollabile senso di resilienza che ti consente di affrontare le sfide della vita con coraggio e compostezza.

Abbracciate questo viaggio con dedizione e cuore aperto. Consenti alla saggezza degli stoici di guidarti verso una maggiore forza interiore e realizzazione. Mentre prosegui su questo percorso, trai ispirazione dalle storie di trasformazione della vita reale, sapendo che ogni passo che fai ti avvicina a una vita di maggiore autenticità e resilienza.

Capitolo 5: L'arte dell'autodisciplina

Il potere dell'autodisciplina: un invito stoico

Benvenuto, caro lettore, in un capitolo dedicato a uno degli aspetti più potenzianti e trasformativi della crescita personale: l'arte dell'autodisciplina. L'autodisciplina è la pietra angolare di una vita appagante e significativa. Ci consente di padroneggiare i nostri impulsi, allineare le nostre azioni ai nostri valori e raggiungere i nostri obiettivi a lungo termine. Per coloro che lottano con tendenze narcisistiche, sviluppare l'autodisciplina può essere particolarmente impegnativo ma profondamente liberatorio. Come stoico, ti invito ad abbracciare questo viaggio con determinazione e apertura, perché ti condurrà a una vita di maggiore consapevolezza di sé, crescita personale e relazioni migliori.

Narcisismo e impulsività

Il narcisismo spesso comporta una maggiore attenzione alla gratificazione immediata e alla convalida esterna, portando a comportamenti impulsivi. Questa impulsività può manifestarsi in vari modi, come cercare costante attenzione, reagire in modo difensivo alle critiche o indulgere in abitudini malsane. Questi comportamenti, pur fornendo una soddisfazione temporanea, alla fine minano il benessere a lungo termine e la crescita personale.

Sviluppare l'autodisciplina è essenziale per liberarsi da questi schemi impulsivi. Implica coltivare la capacità di ritardare la gratificazione, prendere decisioni ponderate e rimanere impegnati nei propri obiettivi. Lo stoicismo offre metodi e pratiche potenti per sviluppare l'autocontrollo, consentendo il passaggio da un comportamento reattivo e impulsivo a una vita proattiva e intenzionale.

Metodi stoici per sviluppare l'autocontrollo

Gli stoici credevano che l'autodisciplina fosse un'abilità che può essere coltivata attraverso la pratica deliberata e l'applicazione di principi filosofici. Ecco alcuni metodi stoici chiave per aiutarti a sviluppare l'autocontrollo:

1. **La dicotomia del controllo**
   - **Esercizio**: Rifletti quotidianamente sulla dicotomia del controllo, distinguendo tra ciò che puoi controllare (i tuoi pensieri, azioni e risposte) e ciò che non puoi controllare (eventi esterni, opinioni degli altri e risultati). Concentra la tua energia sul controllo delle tue risposte interne piuttosto che sulle circostanze esterne.
   - **Beneficio**: Questa pratica ti aiuta a sviluppare un senso di empowerment e serenità, mentre impari a lasciare andare ciò che è fuori dal tuo controllo e a concentrarti su ciò che puoi influenzare. Favorisce l'autocontrollo riducendo la reattività agli stimoli esterni.

2. **Premeditazione dei mali**

   ○ **Esercizio**: Esercitati regolarmente premeditazione malorum immaginando le potenziali sfide o tentazioni che potresti incontrare. Considera come risponderesti con autodisciplina e resilienza.

   ○ **Beneficio**: La praemeditatio malorum prepara mentalmente alle tentazioni e alle difficoltà, riducendo la probabilità di reazioni impulsive. Migliora la tua capacità di rimanere disciplinato di fronte alle sfide.

3. **Disagio volontario**

   ○ **Esercizio**: esporsi intenzionalmente a piccoli disagi, come digiunare, fare docce fredde o astenersi da lussi. Queste pratiche ti aiutano a sviluppare la resilienza mentale e fisica.

   ○ **Beneficio**: Il disagio volontario rafforza la tua capacità di sopportare le difficoltà e favorisce un apprezzamento più profondo per le tue benedizioni. Riduce anche la dipendenza dalle comodità esterne e rafforza la forza interiore.

4. **Riflessione stoica**
   - **Esercizio**: Alla fine di ogni giornata, impegnati nella riflessione storica rivedendo le tue azioni e risposte. Chiediti: come ho gestito le tentazioni oggi? Ho agito secondo i miei valori? Cosa posso migliorare domani?
   - **Beneficio**: Questa pratica promuove il continuo miglioramento personale e la consapevolezza di sé. Ti aiuta a imparare dalle tue esperienze e rafforza il tuo impegno verso l'autodisciplina.

5. **Consapevolezza e meditazione**
   - **Esercizio**: Incorpora consapevolezza e meditazione nella tua routine quotidiana. Trascorri qualche minuto ogni giorno concentrandoti sul tuo respiro e

osservando i tuoi pensieri senza giudizio. Questa pratica migliora la tua capacità di rimanere presente e mantenere l'autocontrollo.

- o **Beneficio**: La consapevolezza e la meditazione ti aiutano a sviluppare una maggiore consapevolezza dei tuoi pensieri e impulsi. Promuovono un senso di calma e concentrazione, riducendo l'impulsività e migliorando l'autodisciplina.

Consigli pratici per la disciplina quotidiana

Oltre ai metodi stoici, ecco alcuni consigli pratici per aiutarti a coltivare l'autodisciplina nella tua vita quotidiana:

1. **Stabilisci obiettivi chiari**
   - o **Mancia**: Definisci obiettivi chiari e specifici per te stesso. Suddividerli in passaggi gestibili e crea un piano per raggiungerli. Avere una visione chiara di ciò che vuoi realizzare ti

aiuta a rimanere concentrato e motivato.

- o **Beneficio**: Stabilire obiettivi chiari fornisce direzione e scopo, rendendo più facile resistere alle distrazioni e rimanere impegnati nel proprio percorso.

2. **Crea una routine**

- o **Mancia**: Stabilire una routine quotidiana che includa tempo per il lavoro, l'esercizio fisico, il relax e la crescita personale. La coerenza nella routine aiuta a costruire abitudini e a rafforzare l'autodisciplina.

- o **Beneficio**: Una routine strutturata riduce l'affaticamento decisionale e crea un senso di stabilità. Ti aiuta a mantenere la concentrazione e la produttività durante il giorno.

3. **Pratica la gratificazione ritardata**

- o **Mancia**: Sviluppa l'abitudine di ritardare la gratificazione ponendoti piccole sfide. Ad esempio, aspetta altri 10 minuti prima di concederti uno spuntino o premiati con una pausa solo dopo aver completato un'attività.

- **Beneficio**: Praticare la gratificazione ritardata rafforza la tua capacità di resistere alle tentazioni immediate e rimanere concentrato su obiettivi a lungo termine.

4. **Monitora i tuoi progressi**

- **Mancia**: tieni traccia dei tuoi progressi verso i tuoi obiettivi. Usa un diario o un'app per registrare i tuoi risultati e riflettere sulle tue sfide. Controlla regolarmente i tuoi progressi e modifica il tuo piano secondo necessità.

- **Beneficio**: monitorare i tuoi progressi ti dà un senso di realizzazione e ti aiuta a rimanere responsabile. Ti consente inoltre di identificare le aree di miglioramento e celebrare i tuoi successi.

5. **Cercare la responsabilità**
   - **Mancia**: condividi i tuoi obiettivi e i tuoi progressi con un amico fidato, un familiare o un mentore. Avere qualcuno che ti ritenga responsabile può fornire ulteriore motivazione e supporto.
   - **Beneficio**: La responsabilità migliora il tuo impegno verso l'autodisciplina. Fornisce incoraggiamento esterno e ti aiuta a rimanere sulla buona strada.

6. **Pratica l'auto compassione**
   - **Mancia**: Sii gentile con te stesso quando incontri battute d'arresto o sfide. Riconosci che l'autodisciplina è un viaggio ed è normale incontrare difficoltà lungo il percorso. Trattati con la stessa compassione e comprensione che offriresti a un amico.

○ **Beneficio**: Praticare l'auto-compassione favorisce la resilienza e la perseveranza. Ti aiuta a imparare dalle tue esperienze senza essere eccessivamente critico o duro con te stesso.

Abbracciare il viaggio dell'autodisciplina

Concludendo questo capitolo, ricorda che l'autodisciplina è un viaggio continuo. Richiede pratica costante, pazienza e volontà di affrontare le sfide con determinazione e grazia. Abbracciando i principi stoici e i consigli pratici, puoi coltivare un profondo e incrollabile senso di autodisciplina che ti consente di affrontare le sfide della vita e raggiungere i tuoi obiettivi.

Abbracciate questo viaggio con dedizione e cuore aperto. Lascia che la saggezza degli stoici ti guidi verso una maggiore consapevolezza di te stesso, crescita personale e realizzazione. Mentre prosegui su questo percorso, trai ispirazione dalle pratiche e dai suggerimenti condivisi in questo capitolo, sapendo che ogni passo che fai

ti avvicina a una vita di maggiore disciplina e
resilienza.

Capitolo 6: Scopo e significato oltre il sé

I limiti degli obiettivi narcisistici

Mentre percorriamo il percorso dall'egocentrismo all'autoconsapevolezza, dobbiamo confrontarci con una verità fondamentale: il perseguimento di obiettivi narcisistici è in definitiva insoddisfacente. Gli obiettivi narcisistici spesso ruotano attorno alla convalida esterna, al potere, al prestigio e all'ammirazione. Sebbene questi obiettivi possano offrire una soddisfazione temporanea, sono intrinsecamente instabili e lasciano un persistente senso di vuoto e insoddisfazione.

Gli obiettivi narcisistici sono limitati dalla loro natura. Dipendono dalle percezioni e dalle reazioni degli altri, rendendo il tuo senso di valore e di realizzazione vulnerabile alle fluttuazioni esterne. Questa dipendenza favorisce una fragile autostima, facilmente distrutta dalle critiche o dall'indifferenza. Inoltre, tali obiettivi sono insaziabili; più ottieni, più brami, creando un ciclo infinito di desiderio e disillusione.

Considera la prospettiva stoica: cosa è veramente sotto il tuo controllo? Lo stoicismo ci insegna a distinguere tra ciò che dipende da noi e ciò che non lo è. I riconoscimenti esterni, la ricchezza e lo status non sono sotto il nostro controllo assoluto. Sono soggetti ai capricci della fortuna e affidare a loro la nostra felicità è come costruire una casa su sabbie mobili. Invece, lo stoicismo ci invita a cercare scopo e significato all'interno, dove risiedono la vera stabilità e realizzazione.

Trovare uno scopo attraverso la filosofia stoica

In netto contrasto con la natura effimera degli obiettivi narcisistici, la filosofia stoica offre un senso di scopo profondo e duraturo. Gli stoici, da Epitteto a Seneca a Marco Aurelio, insegnano che il nostro scopo ultimo è vivere in accordo con la natura e coltivare le virtù. Queste virtù –

saggezza, coraggio, giustizia e temperanza –
sono i pilastri di una vita significativa.

Per trovare uno scopo attraverso lo stoicismo,
inizia con l'autoesame. Rifletti sui tuoi valori,
sui tuoi punti di forza e sui modi in cui puoi
contribuire al bene comune. Questo processo
richiede onestà e umiltà, virtù che lo stoicismo
incoraggia. Riconosci che la vera realizzazione
non deriva da ciò che acquisisci, ma da chi
diventi e dal modo in cui influiscono sul mondo
che ti circonda.

La saggezza ci guida a comprendere il mondo e
il nostro posto al suo interno. Implica discernere
ciò che è veramente prezioso e ciò che è
meramente superficiale. Coltivando la saggezza,
sviluppi un senso più profondo di scopo che
trascende il guadagno personale.

Il coraggio ti consente di affrontare le sfide e le
avversità con resilienza. È la forza di perseguire
il proprio scopo nonostante gli ostacoli e di
rimanere saldi nei propri principi.

La giustizia ti spinge ad agire con equità e integrità, a considerare il benessere degli altri come parte integrante del tuo. Trasforma le tue interazioni e relazioni, favorendo un senso di interconnessione e rispetto reciproco.

La temperanza insegna la moderazione e l'autocontrollo, aiutandoti a bilanciare desideri e azioni. Ti consente di perseguire il tuo scopo senza lasciarti influenzare dagli eccessi o dall'impulsività.

Creare una vita ricca di significato e di contributo

Dopo aver abbracciato le virtù stoiche, il passo successivo è creare una vita che incarni questi principi. Una vita significativa è quella del contributo, in cui le tue azioni risuonano oltre gli interessi personali e hanno un impatto positivo sugli altri. Ecco alcuni passaggi pratici per guidarti in questo viaggio:

1. **Identifica i tuoi valori e le tue passioni**

    o   Rifletti profondamente su ciò che conta di più per te. Quali principi ti stanno a cuore? Quali attività accendono la tua passione e ti portano gioia? Allinea le tue attività con questi valori per assicurarti che siano veramente soddisfacenti.

2. **Stabilisci obiettivi guidati dalla virtù**

    o   Sposta la tua attenzione dai risultati esterni agli obiettivi guidati dalla virtù. Mira a incarnare saggezza, coraggio, giustizia e temperanza nelle tue azioni quotidiane. Ad esempio, invece di cercare ammirazione, sforzati di essere una fonte di saggezza e sostegno per gli altri.

3. **Impegnarsi in attività significative**

    o   Investi il tuo tempo e le tue energie in attività che contribuiscono al benessere degli altri e della comunità. Fare volontariato, fare da mentore, creare e impegnarsi in atti di gentilezza. Questi sforzi promuovono un senso di connessione e di scopo.

4. **Coltivare empatia e compassione**
   - Praticare l'empatia comprendendo e apprezzando le prospettive e le esperienze degli altri. Le azioni compassionevoli, fondate sulla giustizia e sulla gentilezza, migliorano le tue relazioni e contribuiscono a un mondo più armonioso.

5. **Rifletti e adattati**
   - Rifletti regolarmente sul tuo viaggio. Valuta le tue azioni e il loro allineamento con i tuoi valori e il tuo scopo. Sii disposto ad adattarsi e a crescere, imparando dalle esperienze e sforzandosi continuamente di migliorare.

Seguendo questi passaggi, passerai da una vita incentrata sugli autogratificazione a una ricca di scopo e significato. Inizi a vedere che i tuoi risultati più grandi non risiedono in ciò che guadagni, ma in ciò che dai e nel modo in cui cresci.

Il viaggio dal narcisismo allo stoicismo è trasformativo. Riconoscendo i limiti degli obiettivi narcisistici e abbracciando i profondi insegnamenti della filosofia stoica, scopri un percorso verso la vera realizzazione. Scopo e significato nascono dall'interno, dalla coltivazione delle virtù e dalla dedizione a contribuire positivamente al mondo.

Ricorda, la ricerca di una vita significativa è un processo continuo. Ogni giorno offre un'opportunità per incarnare i principi stoici, per agire con saggezza, coraggio, giustizia e temperanza. Man mano che avanzi, scoprirai che una vita con uno scopo non solo arricchisce la tua esistenza, ma crea anche un impatto positivo e duraturo su coloro che ti circondano.

Parte 3: Miglioramento delle relazioni

Capitolo 7: Empatia e compassione: virtù stoiche

La lotta del narcisista con l'empatia

Mentre ci imbarchiamo in questo capitolo, riconosciamo le sfide intrinseche che coloro che hanno tendenze narcisistiche affrontano nel coltivare l'empatia. Il narcisismo si manifesta spesso come una profonda preoccupazione per se stessi, un'intensa attenzione ai propri bisogni, desideri e immagine di sé. Questa concentrazione interiore può creare una barriera alla comprensione e alla relazione con le esperienze e le emozioni degli altri.

I narcisisti spesso lottano con l'empatia perché la loro visione del mondo è dominata dal bisogno di ammirazione e convalida. Ciò può portare a una mancanza di genuino interesse per i sentimenti e i punti di vista degli altri. Quando l'empatia emerge, è spesso oscurata da motivazioni egoistiche o superficialità, rendendola inefficace nel promuovere connessioni significative. Questa mancanza di autentica empatia può portare a relazioni tese, poiché gli altri potrebbero sentirsi sottovalutati, incompresi o addirittura manipolati.

Tuttavia, la capacità di empatia non è fuori portata. La filosofia stoica offre intuizioni e pratiche profonde per coltivare e sviluppare empatia e compassione autentica, consentendomi di trascendere modelli egocentrici e creare relazioni più profonde e appaganti.

Come lo stoicismo insegna la compassione

Lo stoicismo, con la sua enfasi sulla virtù e sulla saggezza, fornisce un potente quadro per coltivare l'empatia e la compassione. Gli stoici insegnavano che siamo tutti parte di una comunità umana più ampia, interconnessa e interdipendente. Riconoscendo questa verità fondamentale, possiamo spostare la nostra prospettiva dall'egocentrismo a una visione del mondo più inclusiva e compassionevole.

1. Riconoscere l'umanità comune

- Marco Aurelio, filosofo stoico e imperatore romano, rifletteva spesso sull'idea che tutti gli esseri umani condividono una natura comune. Questo riconoscimento aiuta a dissolvere le barriere tra sé e gli altri, favorendo un senso di parentela e comprensione. Quando vedi gli altri come compagni di viaggio nello stesso viaggio, diventa più facile entrare in empatia con le loro lotte e le loro gioie.

2. Praticare l'assunzione di prospettiva

- Lo stoicismo ci incoraggia a vedere il mondo da più punti di vista. Epitteto consigliava di considerare la prospettiva degli altri per acquisire una comprensione più ampia di ogni situazione. Questa pratica aiuta ad abbattere i muri del narcisismo, permettendoti di apprezzare più pienamente le esperienze e le emozioni degli altri.

3. Abbracciare la compassione come virtù

- La compassione è una virtù storica fondamentale, strettamente legata alla giustizia e alla saggezza. Implica riconoscere la sofferenza degli altri e sentire un genuino desiderio di alleviarla. Coltivando la compassione, non solo migliori le tue relazioni, ma cresci anche in virtù e saggezza.

4. Consapevolezza e autoriflessione

della consapevolezza e ti aiuta a diventare i pensieri e delle tue regolarmente le tue comportamento, puoi identificare e correggere i modelli che ostacolano l'empatia. Questa continua autoconsapevolezza è fondamentale per sviluppare una prospettiva compassionevole.

Esercizi per coltivare la vera empatia

Sviluppare empatia e compassione richiede pratica costante e sforzo intenzionale. Ecco diversi esercizi, basati sulla filosofia stoica, per aiutarti a coltivare queste virtù:

1. Riflessione quotidiana sull'umanità comune

- Inizia ogni giornata con un momento di riflessione sull'interconnessione di tutte le persone. Ricorda a te stesso che tutti quelli che incontri stanno affrontando le proprie sfide e gioie, proprio come te. Questa pratica aiuta a spostare la tua attenzione dalle preoccupazioni egocentriche a una prospettiva più empatica.

2. Journaling basato sulla prospettiva

narcisismo, permettendoti di apprezzare più pienamente le esperienze e le emozioni degli altri.

3. Abbracciare la compassione come virtù

- La compassione è una virtù storica fondamentale, strettamente legata alla giustizia e alla saggezza. Implica riconoscere la sofferenza degli altri e sentire un genuino desiderio di alleviarla. Coltivando la compassione, non solo migliori le tue relazioni, ma cresci anche in virtù e saggezza.

4. Consapevolezza e autoriflessione

- La pratica stoica della consapevolezza e dell'autoriflessione ti aiuta a diventare consapevole dei tuoi pensieri e delle tue azioni. Esaminando regolarmente le tue motivazioni e il tuo comportamento, puoi identificare e correggere i modelli che ostacolano l'empatia. Questa continua autoconsapevolezza è fondamentale per sviluppare una prospettiva compassionevole.

Esercizi per coltivare la vera empatia

Sviluppare empatia e compassione richiede pratica costante e sforzo intenzionale. Ecco diversi esercizi, basati sulla filosofia stoica, per aiutarti a coltivare queste virtù:

1. Riflessione quotidiana sull'umanità comune

- Inizia ogni giornata con un momento di riflessione sull'interconnessione di tutte le persone. Ricorda a te stesso che tutti quelli che incontri stanno affrontando le proprie sfide e gioie, proprio come te. Questa pratica aiuta a spostare la tua attenzione dalle preoccupazioni egocentriche a una prospettiva più empatica.

2. Journaling basato sulla prospettiva

- Dedica qualche minuto ogni giorno a scrivere di un'interazione recente dal punto di vista dell'altra persona. Considera i loro pensieri, sentimenti e motivazioni. Questo esercizio approfondisce la tua comprensione delle esperienze degli altri e rafforza la tua capacità di empatia.

3. Ascolto consapevole

- Pratica l'ascolto consapevole nelle tue conversazioni. Dai all'oratore tutta la tua attenzione, senza interrompere o pianificare la tua risposta. Concentrati sulla comprensione delle loro emozioni e prospettive. Questa pratica non solo migliora la tua empatia, ma migliora anche le tue relazioni facendo sentire gli altri ascoltati e apprezzati.

4. Azione compassionevole

- Compi almeno un atto di gentilezza o compassione ogni giorno. Potrebbe trattarsi di una cosa semplice come offrire una parola di incoraggiamento, aiutare qualcuno con un compito o mostrare pazienza e comprensione. Queste azioni, radicate nella virtù stoica, aiutano a costruire un'abitudine alla compassione.

5. Meditazione riflessiva

- Concludi ogni giornata con un periodo di meditazione riflessiva. Considera le interazioni che hai avuto e i modi in cui hai dimostrato o avresti potuto dimostrare empatia e compassione. Rifletti su ciò che hai imparato e su come puoi migliorare. Questa pratica rafforza il tuo impegno nel coltivare queste virtù.

6. Interagire con i testi stoici

- Leggi e rifletti sui testi storici che enfatizzano l'empatia e la compassione. I passaggi delle "Meditazioni" di Marco Aurelio o delle lettere di Seneca contengono spesso intuizioni profonde sulla connessione e sulla virtù umane. Lascia che questi insegnamenti ispirano e guidano i tuoi sforzi.

Coltivare l'empatia e la compassione è un viaggio trasformativo, soprattutto per coloro che superano le tendenze narcisistiche. Attraverso gli insegnamenti e le pratiche dello Stoicismo, puoi imparare a trascendere i modelli eccentrici e sviluppare una connessione più profonda e genuina con gli altri.

Ricorda, l'empatia e la compassione non sono tratti innati ma virtù che possono essere sviluppate con intenzione e pratica. Riconoscendo la nostra comune umanità, praticando l'assunzione di prospettiva, abbracciando la compassione e impegnandoci in esercizi consapevoli e riflessivi, puoi coltivare queste qualità essenziali.

Man mano che cresci nell'empatia e nella compassione, scoprirai che le tue relazioni diventano più appaganti e autentiche. Altri risponderanno alla tua genuina preoccupazione e comprensione, promuovendo il rispetto reciproco e la connessione. Inoltre, proverai un profondo senso di pace interiore e di soddisfazione, sapendo che stai contribuendo positivamente al benessere di chi ti circonda.

Capitolo 8: Comunicazione efficace e risoluzione dei conflitti

Insidie comunicative comuni per i narcisisti

Nella nostra ricerca per l'autoconsapevolezza e il miglioramento delle relazioni, è essenziale affrontare le comuni trappole comunicative che spesso incontrano le persone con tendenze narcisistiche. La comunicazione è la linfa vitale delle relazioni; è attraverso le nostre parole e azioni che ci connettiamo con gli altri, condividiamo i nostri pensieri e comprendiamo le loro prospettive. Tuttavia, per chi ha tratti narcisistici, la comunicazione può essere piena di sfide.

I narcisisti spesso hanno difficoltà con la comunicazione per diversi motivi:

1. **Dominanza nelle conversazioni**: I narcisisti spesso cercano di dominare le conversazioni, indirizzando l'attenzione

verso se stessi e i propri risultati. Questo può far sentire gli altri inascoltati e sottovalutati.

2. **Mancanza di ascolto autentico**: Piuttosto che ascoltare veramente, i narcisisti potrebbero essere preoccupati di pianificare la loro prossima risposta o di pensare a come la conversazione si riflette su di loro. Ciò si traduce in interazioni superficiali prive di una comprensione genuina.

3. **Difensività e sensibilità alle critiche**: I narcisisti tendono a reagire in modo difensivo alle critiche percepite, rendendo difficile avere conversazioni costruttive. Questo atteggiamento difensivo può intensificare i conflitti e ostacolarne la risoluzione.

4. **Comunicazione manipolativa**: Potrebbe esserci la tendenza a utilizzare la comunicazione come strumento di manipolazione o per scopi egoistici, minando la fiducia e l'autenticità nelle relazioni.

5. **Impazienza e interruzioni**: I narcisisti potrebbero mostrare impazienza e spesso interrompere gli altri, segnalando una mancanza di rispetto per i loro pensieri e contributi.

Affrontare queste insidie richiede un cambiamento di prospettiva, abbracciando i principi stoici per favorire una comunicazione chiara, rispettosa ed efficace.

Strategie stoiche per una comunicazione chiara e rispettosa

Lo stoicismo offre una saggezza senza tempo su come comunicare con chiarezza e rispetto. Le virtù stoiche di saggezza, temperanza, giustizia e coraggio possono guidarci a migliorare le nostre interazioni con gli altri, favorendo connessioni più profonde e riducendo i conflitti.

1. Pratica l'ascolto attivo

- **Presenza consapevole**: Sii pienamente presente nelle conversazioni, prestando tutta la tua attenzione a chi parla. Ciò dimostra rispetto e genuino interesse.

- **Evitare interruzioni**: Lasciamo che gli altri parlino senza interruzione. Ascoltare per capire, non solo per rispondere. Ciò favorisce uno scambio di idee più significativo.

2. Coltiva l'umiltà

- **Abbraccia l'umiltà**: Riconosci che non hai tutte le risposte e che altri hanno preziose informazioni da offrire. Affronta le conversazioni con una mente aperta e la volontà di imparare.
- **Riconoscere gli errori**: Ammetti quando hai torto. Ciò non solo dimostra umiltà, ma crea anche fiducia e rispetto.

3. Comunicare con chiarezza e onestà

- **Parla chiaramente**: articola i tuoi pensieri in modo chiaro e conciso. Evita il gergo o un linguaggio eccessivamente complesso che possa oscurare il tuo messaggio.

- **Essere onesti**: Pratica l'onestà nella tua comunicazione. Di' la tua verità, ma fallo con gentilezza e considerazione per i sentimenti degli altri.

4. Esercita la regolazione emotiva

- **Stai calmo**: In situazioni emotivamente cariche, prenditi un momento per respirare e calmarti prima di rispondere. Ciò aiuta a prevenire la comunicazione reattiva e difensiva.
- **Rispondi, non reagire**: Concentrarsi sulla risposta ponderata piuttosto che reagire impulsivamente. Considera l'impatto delle tue parole prima di parlare.

5. Mostra empatia e compassione

- **Convalidare i sentimenti**: Riconoscere e convalidare i sentimenti e le prospettive degli altri. Ciò crea uno spazio sicuro per un dialogo aperto e onesto.

- **Esprimere gratitudine**: Mostra apprezzamento per i contributi e gli sforzi degli altri nella conversazione. Ciò favorisce un clima positivo e collaborativo.

Tecniche per gestire stoicamente i conflitti

Il conflitto è una parte inevitabile di ogni relazione. Tuttavia, se gestito con saggezza e grazia, il conflitto può portare alla crescita e a una comprensione più profonda. Lo stoicismo fornisce tecniche pratiche per risolvere i conflitti in modo efficace e mantenere l'armonia nelle relazioni.

1. Cercare un terreno comune

- **Concentrarsi sugli obiettivi condivisi**: identificare obiettivi e interessi comuni che possono fungere da base per la risoluzione dei conflitti. Ciò aiuta a spostare l'attenzione dalla divisione alla collaborazione.

- **Costruisci ponti, non muri**: sforzarsi di costruire connessioni e trovare comprensione reciproca, invece di creare divisioni.

2. Pratica la pazienza e la comprensione

- **Regala Spazio e Tempo**: Concedere il tempo alle emozioni di stabilizzarsi prima di affrontare il conflitto. La pazienza può prevenire l'escalation e facilitare discussioni più razionali.
- **Comprendere i problemi sottostanti**: guardare oltre la superficie del conflitto per comprendere le questioni più profonde in gioco. Ciò può portare a soluzioni più efficaci e durature.

3. Mantenere compostezza e rispetto

- **Rimani composto**: Anche di fronte alla provocazione, cerca di mantenere la calma. Rispondere con calma e rispetto allenta la tensione e crea un tono positivo.

- **Evita attacchi personali**: Concentrarsi sul problema in questione, non sulla persona. Gli attacchi personali intensificano i conflitti e danneggiano le relazioni.

4. Usa un linguaggio costruttivo

- **Parla con rispetto**: Scegli attentamente le tue parole per evitare un linguaggio provocatorio. Il linguaggio costruttivo promuove la comprensione e la risoluzione.

- **Dichiarazioni in prima persona**: usa le affermazioni in prima persona per esprimere i tuoi sentimenti e i tuoi punti di vista senza incolpare gli altri. Ad esempio, dì "Mi preoccupo quando..." invece di "Tu sempre..."

5. Abbracciare il perdono e la riconciliazione

- **Perdona e vai avanti**: Pratica il perdono e lascia andare i rancori. Trattenere il risentimento non fa altro che prolungare il conflitto e ostacolare la crescita personale.

- **Cerca la riconciliazione**: Obiettivo per la riconciliazione e il ripristino della relazione. Ciò favorisce un senso di chiusura e rispetto reciproco.

La comunicazione efficace e la risoluzione dei conflitti sono competenze vitali per coltivare relazioni sane e crescita personale. Per coloro che hanno tendenze narcisistiche, padroneggiare queste abilità richiede uno sforzo intenzionale e la guida dei principi stoici.

Riconoscendo e affrontando le comuni insidie della comunicazione, puoi trasformare le tue interazioni con gli altri. Abbraccia le strategie stoiche per una comunicazione chiara e rispettosa e applica le tecniche per gestire stoicamente i conflitti. Ricorda, ogni conversazione è un'opportunità per praticare queste virtù e migliorare le tue relazioni.

Man mano che coltivi queste abilità, scoprirai che le tue relazioni diventano più significative e appaganti. Altri risponderanno ai tuoi sforzi genuini di ascoltare, comprendere e comunicare con empatia e rispetto. Ciò, a sua volta, porterà a connessioni più profonde e a un mondo più armonioso e compassionevole.

Capitolo 9: Costruire e sostenere relazioni sane

L'impatto del narcisismo sulle relazioni

Nel nostro viaggio attraverso la vita, la qualità delle nostre relazioni ha un profondo impatto sul nostro benessere e sulla nostra felicità. Per chi ha tendenze narcisistiche, mantenere relazioni sane può essere particolarmente difficile. Il narcisismo spesso distorce le interazioni, rendendo difficile la formazione e il mantenimento di connessioni significative.

1. **Comportamento egocentrico:** I narcisisti spesso danno priorità ai propri bisogni e desideri rispetto a quelli degli altri. Questo approccio egocentrico può far sentire i partner, gli amici e i familiari trascurati e sottovalutati.

2. **Mancanza di empatia:** L'empatia è la pietra angolare della comprensione e della connessione. I narcisisti possono avere difficoltà ad apprezzare veramente i

sentimenti e i punti di vista degli altri, portando a incomprensioni e conflitti.

3. **Tendenze manipolative:** Per mantenere la propria immagine e il controllo di sé, i narcisisti potrebbero ricorrere alla manipolazione. Ciò mina la fiducia, creando un ambiente relazionale volatile e instabile.

4. **Difficoltà con l'intimità:** La vera intimità richiede vulnerabilità e fiducia reciproca. I narcisisti spesso trovano difficile aprirsi ed essere vulnerabili, impedendo relazioni più profonde e significative.

5. **Grandi aspettative e critiche:** I narcisisti spesso stabiliscono aspettative irrealistiche per le loro relazioni e possono essere eccessivamente critici quando queste aspettative non vengono soddisfatte. Questo crea un ciclo di delusione e risentimento.

Riconoscere questi impatti è il primo passo verso la trasformazione. La saggezza dello stoicismo offre preziosi spunti e pratiche per superare queste sfide e costruire relazioni sane e durature.

Applicazione dei principi stoici per rafforzare i legami

Lo stoicismo, con la sua attenzione alla virtù, alla saggezza e alla razionalità, fornisce un potente quadro per migliorare le relazioni. Abbracciando i principi stoici, puoi coltivare qualità che migliorano le tue connessioni con gli altri e favoriscono una vita relazionale più armoniosa e appagante.

1. **Pratica la consapevolezza di sé:** La consapevolezza di sé è alla base della crescita personale e del miglioramento delle relazioni. Rifletti regolarmente sui tuoi pensieri, emozioni e comportamenti. Riconoscere le tendenze narcisistiche e il loro impatto sugli altri. Comprendendo meglio te stesso, puoi compiere sforzi consapevoli per cambiare e crescere.

2. **Coltivare empatia e compassione:** Fai uno sforzo deliberato per comprendere e

apprezzare i sentimenti e le prospettive degli altri. Usa la pratica stoica dell'assunzione di prospettiva per vedere il mondo attraverso i loro occhi. Mostra sincero interesse e gentilezza e lascia che le tue azioni riflettano un cuore compassionevole.

3. **Abbraccia l'umiltà:** La vera forza sta nell'umiltà. Riconosci i tuoi limiti e il valore dei contributi degli altri. Evita la trappola della superiorità e impara a celebrare i successi e i punti di forza di chi ti circonda.

4. **Concentrarsi sulla virtù:** Centrare le tue relazioni attorno alle virtù stoiche di saggezza, giustizia, coraggio e temperanza. Sforzati di essere onesto, giusto e onorevole nelle tue interazioni. Agire con integrità, anche quando è difficile.

5. **Pratica la comunicazione consapevole:** Una comunicazione efficace è la chiave per relazioni sane. Ascoltare attivamente e parlare con chiarezza e rispetto. Evita di

interrompere o dominare le conversazioni. Cercare di capire prima di essere capiti.

6. **Sviluppare pazienza e tolleranza:** Le relazioni richiedono pazienza e tolleranza. Accetta che i conflitti e le incomprensioni siano naturali. Affronta queste situazioni con una mentalità calma e razionale, cercando la soluzione piuttosto che la vittoria.

7. **Promuovere il rispetto reciproco:** Il rispetto è il fondamento di ogni relazione sana. Tratta gli altri con la dignità e il rispetto che meritano. Apprezza le loro opinioni, anche quando differiscono dalle tue.

Casi di studio: storie di successo di relazioni migliorate

Per illustrare il potere di trasformazione dell'applicazione dei principi stoici, esploriamo alcuni casi di studio di individui che hanno migliorato con successo le loro relazioni abbracciando lo stoicismo.

Caso di studio 1: il viaggio di Emma dall'egocentrismo alla compassione

Emma ha lottato con tendenze narcisistiche, spesso dando priorità alla carriera e ai risultati personali rispetto alle relazioni. Le sue amicizie erano superficiali e le sue relazioni sentimentali erano segnate da conflitti e insoddisfazione.

Dopo aver scoperto lo stoicismo, Emma iniziò a praticare l'autoconsapevolezza e l'umiltà. Ha riflettuto sul suo comportamento e sul suo impatto sugli altri, realizzando la necessità di cambiamento. Coltivando attivamente l'empatia e la compassione, ha iniziato ad apprezzare i sentimenti e le prospettive dei suoi amici e del suo partner.

La trasformazione di Emma è stata notevole. Le sue amicizie si approfondirono man mano che lei diventava più attenta e solidale. Nella sua relazione romantica ha imparato a comunicare in modo efficace e a risolvere i conflitti con pazienza e comprensione. Concentrando le sue azioni sulle virtù stoiche, Emma ha ricostruito la fiducia e il rispetto, portando a relazioni più sane e appaganti.

Caso di studio 2: Il percorso di Giovanni verso la pazienza e la comprensione

John era noto per la sua impazienza e la sua natura critica, tratti che mettevano a dura prova il suo rapporto con la sua famiglia. Le sue aspettative perfezioniste spesso portavano a conflitti e risentimento.

Attraverso le pratiche stoiche, Giovanni imparò il valore della pazienza e della tolleranza. Ha iniziato ogni giornata con esercizi di consapevolezza, concentrandosi sul rimanere calmo e composto. Ha praticato l'assunzione di prospettiva, cercando di comprendere i punti di vista e le sfide della sua famiglia.

Quando Giovanni applicò questi principi stoici, il suo rapporto con la famiglia migliorò in modo significativo. È diventato più paziente e meno critico, favorendo un ambiente più solidale e amorevole. La sua famiglia ha risposto positivamente ai suoi sforzi e i loro legami sono diventati più forti.

Caso di studio 3: Trasformazione di Sarah attraverso la virtù e l'integrità

I comportamenti narcisistici di Sarah rendevano difficili le sue relazioni sul posto di lavoro. Ha spesso cercato riconoscimenti e conferme, portando a dinamiche competitive e diffidenti nei confronti dei colleghi.

Ispirata dalla filosofia stoica, Sarah ha deciso di concentrarsi sulla virtù e sull'integrità. Si è impegnata ad agire con equità e giustizia, valorizzando il contributo dei suoi colleghi e riconoscendo i loro punti di forza. Ha praticato una comunicazione chiara e rispettosa, evitando tattiche manipolative.

L'impatto è stato profondo. Le relazioni sul posto di lavoro di Sarah si sono trasformate quando è diventata un membro del team fidato e rispettato. I suoi colleghi hanno apprezzato la sua correttezza e onestà, che hanno portato a un ambiente di lavoro più collaborativo e positivo.

Costruire e sostenere relazioni sane è un aspetto vitale della crescita e del benessere personale. Per coloro che hanno tendenze narcisistiche, questo viaggio richiede uno sforzo intenzionale e la guida dei principi stoici.

Riconoscendo l'impatto del narcisismo sulle relazioni e applicando virtù stoiche come autoconsapevolezza, empatia, umiltà e pazienza, puoi trasformare le tue interazioni e favorire connessioni più profonde e significative. I casi di studio di Emma, John e Sarah illustrano che è possibile superare le tendenze narcisistiche e costruire relazioni più sane.

Parte 4: Integrazione e padronanza

Capitolo 10: Creare una pratica stoica quotidiana

Progettare una routine personalizzata

Il viaggio dal narcisismo a una vita di autoconsapevolezza, crescita personale e miglioramento delle relazioni è in corso. Integrare i principi stoici nella tua vita quotidiana è fondamentale per sostenere i progressi che hai fatto. Creare una routine personalizzata aiuta a incorporare profondamente questi principi nelle tue azioni e nei tuoi pensieri quotidiani, assicurando che diventino una seconda natura.

1. Preparazione mattutina: dare il tono alla giornata

- **Meditazione del mattino:** Inizia ogni giorno con un periodo di riflessione silenziosa. Trascorri 10-15 minuti meditando sugli insegnamenti stoici o semplicemente concentrandoti sul tuo respiro. Questa pratica calma la mente e ti prepara per la giornata a venire.

- **Impostazione dell'intenzione quotidiana:** Rifletti su ciò che ci aspetta e stabilisci intenzioni in linea con le virtù stoiche. Chiediti: "Come posso praticare la saggezza, la giustizia, il coraggio e la temperanza oggi?" Questo ti aiuta ad affrontare la giornata con scopo e chiarezza.
- **Visualizza le sfide:** Anticipa le potenziali sfide che potresti affrontare e visualizza te stesso mentre rispondi con calma e razionalità stoiche. Questa prova mentale ti prepara ad affrontare gli ostacoli con grazia.

2. Check-in a mezzogiorno: mantenere la consapevolezza

- **Pause consapevoli:** Pianifica brevi pause durante la giornata per verificare te stesso.

Usa questi momenti per valutare il tuo stato emotivo e riallinearlo con le tue intenzioni stoiche.

- **Pratica della gratitudine:** Prenditi qualche minuto per riflettere su ciò per cui sei grato. La gratitudine sposta la tua attenzione da ciò che ti manca a ciò che hai, favorendo contentezza e prospettiva.

3. Riflessione serale: revisione e apprendimento

- **Meditazione serale:** Concludi la giornata con un altro periodo di meditazione. Rifletti sulle tue azioni, pensieri ed emozioni durante il giorno. Questa pratica ti aiuta ad acquisire conoscenze e ad imparare dalle tue esperienze.
- **Revisione delle virtù:** Valuta quanto bene hai incarnato le virtù stoiche. Dove ci sei riuscito? Dove hai fallito? Questa valutazione onesta favorisce la crescita e il miglioramento continui.

Strumenti e risorse per la pratica continua

Integrare lo stoicismo nella tua vita è un processo continuo che trae vantaggio dall'utilizzo di vari strumenti e risorse. Questi possono fornire guida, ispirazione e supporto mentre approfondisci la tua pratica.

1. Libri e testi

- **Classici storici:** Leggi e rifletti regolarmente sui testi storici classici come quelli di Marco Aurelio *Meditazioni*, Seneca *Lettere di uno stoico*, ed Epitteto' *Manuale*. Queste opere offrono saggezza senza tempo e consigli pratici.
- **Interpretazioni moderne:** Esplora le interpretazioni contemporanee e le applicazioni della filosofia stoica. Libri come quello di Ryan Holiday *Lo storico quotidiano* E *L'ostacolo è la via* può fornire prospettive moderne ed esercizi quotidiani.

2. Risorse digitali

- **App stoiche:** Utilizza app mobili progettate per supportare la pratica stoica. App come Stoic, Stoa e Stoic Meditations offrono citazioni giornaliere, esercizi e strumenti di monitoraggio per aiutarti a rimanere coinvolto.
- **Comunità on-line:** Unisciti ai forum online e alle comunità dedicate allo stoicismo. Piattaforme come R/Stoicism di Reddit o gruppi Facebook specializzati possono fornire un senso di comunità, supporto e apprendimento condiviso.

3. Esercizi e pratiche storiche

- **Visualizzazione negativa:** Pratica regolarmente la visualizzazione negativa immaginando la perdita delle cose a cui tieni. Questo esercizio favorisce l'apprezzamento e la resilienza, preparandosi ad affrontare le incertezze della vita con equanimità.

- **Dicotomia del controllo:** Ricorda continuamente a te stesso la dicotomia del controllo. Concentra i tuoi sforzi su ciò che puoi controllare – i tuoi pensieri, le tue azioni e i tuoi atteggiamenti – e lascia andare ciò che non puoi controllare.

Tecniche di journaling e riflessione

Il journaling è un potente strumento per coltivare la consapevolezza di sé e integrare i principi stoici nella tua vita quotidiana. Ti consente di riflettere sulle tue esperienze, imparare da esse e monitorare i tuoi progressi.

1. Pratica quotidiana del diario

- **Pagine del mattino:** Inizia la giornata scrivendo liberamente per 10-15 minuti. Questa pratica, spesso chiamata "pagine del mattino", aiuta a schiarire la mente e a dare un tono concentrato alla giornata. Rifletti sulle tue intenzioni e su tutti i pensieri che sorgono.

- **Riflessioni serali:** Concludi la giornata scrivendo nel diario le tue esperienze. Rifletti sulle tue azioni, pensieri ed emozioni. Considera come hai applicato i principi stoici e dove puoi migliorare.

2. Riflessione strutturata

- **Domande stoiche:** Utilizza domande specifiche per guidare le tue riflessioni. Domande come "Cosa ho fatto bene oggi?", "Dove ho mancato?" e "Come posso migliorare domani?" fornire un approccio strutturato all'autovalutazione.
- **Diario della gratitudine:** Tieni un diario della gratitudine in cui annoti regolarmente le cose per cui sei grato. Questa pratica sposta la tua attenzione verso la positività e la contentezza.

3. Monitoraggio dei progressi

- **Monitoraggio della virtù:** Crea un sistema per monitorare la tua adesione alle virtù stoiche. Usa una semplice lista di controllo o un diario dettagliato per registrare i casi in cui hai praticato saggezza, giustizia, coraggio e temperanza.

- **Definizione e revisione degli obiettivi:** Stabilisci obiettivi specifici e misurabili per la tua pratica stoica. Controlla regolarmente i tuoi progressi e modifica i tuoi obiettivi secondo necessità. Questo ti mantiene responsabile e motivato.

Creare una pratica storica quotidiana è essenziale per trasformare la tua vita e le tue relazioni. Progettando una routine personalizzata, utilizzando strumenti e risorse e impegnandosi nel diario e nella riflessione, incorpori i principi stoici nelle tue azioni e nei tuoi pensieri quotidiani.

Ricorda, il percorso verso l'autoconsapevolezza, la crescita personale e il miglioramento delle relazioni è un viaggio continuo. Ogni giorno offre un'opportunità per praticare e affinare le tue virtù stoiche. Abbraccia questo viaggio con dedizione e perseveranza, sapendo che ogni passo che fai ti avvicina alla vita di virtù e alla realizzazione che lo stoicismo promette.

Lascia che la saggezza degli stoici ti guidi mentre crei una pratica quotidiana che supporti la tua crescita. Con uno sforzo costante e un impegno per l'auto-miglioramento, coltiverai la resilienza, la saggezza e la compassione necessarie per affrontare le sfide della vita e costruire relazioni significative e durature.

Capitolo 11: Superare le battute d'arresto e mantenere il progresso

Riconoscere e affrontare le ricadute

Nel viaggio verso l'autoconsapevolezza, la crescita personale e il miglioramento delle relazioni, gli insuccessi sono inevitabili. Per chi ha tendenze narcisistiche, le ricadute nei vecchi schemi possono essere particolarmente scoraggianti. Tuttavia, lo stoicismo ci insegna che gli insuccessi non sono fallimenti ma opportunità di crescita e apprendimento.

1. Consapevolezza delle ricadute: Il primo passo per affrontare le ricadute è riconoscerle. Presta attenzione ai comportamenti e ai pensieri che segnalano un ritorno alle tendenze narcisistiche. Ciò potrebbe includere la ricerca di conferme eccessive, il disprezzo dei sentimenti degli altri o la reazione difensiva alle critiche.

2. **Riconoscimento non giudicante:** Quando noti una ricaduta, riconosciuta senza autogiudicarsi. Comprendi che le battute d'arresto sono una parte naturale del processo di crescita. Invece di vederli come fallimenti, considerali come opportunità per praticare la resilienza e l'auto compassione.

3. **Analisi riflessiva:** Prenditi del tempo per riflettere sulle circostanze che hanno portato alla ricaduta. Cosa ha innescato il comportamento? Come hai risposto? Cosa avresti potuto fare diversamente? Questa analisi aiuta a identificare modelli e sviluppare strategie per prevenire future ricadute.

4. **Impegno rinnovato:** Usa le battute d'arresto come promemoria del tuo impegno per la crescita personale. Riafferma la tua dedizione al cammino storico e alle virtù che cerchi di incarnare. Ogni battuta d'arresto offre la possibilità di rafforzare la tua determinazione e approfondire la tua pratica.

Approcci stoici alla gestione del fallimento

Lo stoicismo offre intuizioni profonde su come gestire i fallimenti e le battute d'arresto con grazia e saggezza. Applicando questi principi, puoi trasformare i fallimenti in trampolini di lancio per la crescita.

1. **Accettazione e resilienza:** Abbraccia il principio stoico dell'Amor Fati, l'amore per il destino. Accetta che le battute d'arresto e i fallimenti fanno parte del viaggio della vita. Invece di resistere, abbracciali come opportunità per costruire resilienza e carattere.

2. **Concentrati su ciò che puoi controllare:** Ricorda la dicotomia del controllo. Concentra la tua energia su ciò che puoi controllare: i tuoi pensieri, le tue azioni e le tue risposte. Lascia andare ciò che è fuori dal tuo controllo. Questo cambiamento di mentalità riduce l'ansia e ti consente di intraprendere azioni costruttive.

3. **Imparare dal fallimento:** Considera i fallimenti come preziose esperienze di apprendimento. Chiediti: "Cosa posso imparare da questo?" Analizzare la situazione per ottenere approfondimenti e applicare queste lezioni alle attività future. Ogni fallimento è un'opportunità per diventare più saggi e più capaci.

4. **Pratica l'auto compassione:** Sii gentile con te stesso di fronte al fallimento. Riconoscere che tutti commettono errori e sperimentano battute d'arresto. Trattati con la stessa compassione e comprensione che offriresti a un amico in una situazione simile.

5. **Riformula la tua prospettiva:** Usa le tecniche di ristrutturazione storica per cambiare la tua prospettiva sul fallimento. Invece di vederlo come un risultato negativo, considerarlo come un passo necessario verso il successo. Questa ristrutturazione positiva favorisce una mentalità di crescita e ti mantiene motivato.

Strategie a lungo termine per il miglioramento continuo

Sostenere il progresso e raggiungere una crescita personale a lungo termine richiede uno sforzo costante e una pianificazione strategica. Incorporare i principi stoici nella tua routine quotidiana può aiutarti a mantenere la tua traiettoria verso l'autoconsapevolezza e il miglioramento delle relazioni.

1. **Pratica coerente:** Pratica regolarmente esercizi e riflessioni stoici. La coerenza è la chiave per incorporare i principi stoici nella tua vita quotidiana. Prendi l'abitudine di meditare, tenere un diario e riflettere sulle tue azioni e pensieri.

2. **Stabilisci obiettivi realistici:** Stabilisci obiettivi realistici e raggiungibili per la tua crescita personale. Suddividi questi obiettivi in passaggi più piccoli e gestibili. Festeggia i tuoi progressi lungo il percorso, riconoscendo che ogni passo ti avvicina ai tuoi obiettivi finali.

3. **Cercare supporto e responsabilità:**
   Circondati di una comunità solidale.
   Interagisci con altri praticanti storici,
   partecipa ai forum online o trova un
   mentore. Condividere il tuo viaggio con
   gli altri fornisce incoraggiamento,
   responsabilità e saggezza condivisa.

4. **Abbraccia l'apprendimento continuo:**
   Impegnarsi nell'apprendimento
   permanente. Leggi testi storici, partecipa a
   seminari ed esplora nuove idee.
   L'apprendimento continuo mantiene la tua
   mente aperta e adattabile, aiutandoti a
   rimanere impegnato e motivato.

5. **Adattarsi ed evolversi:** Sii flessibile e
   disposto ad adattare le tue strategie
   secondo necessità. La vita è dinamica e
   ciò che funziona oggi potrebbe non
   funzionare domani. Rivaluta regolarmente
   le tue pratiche e apporta modifiche per
   rimanere in linea con i tuoi obiettivi e
   valori.

6. **Rifletti e rinnova:** Prenditi
   periodicamente del tempo per riflettere sul

tuo viaggio. Valuta i tuoi progressi, celebra i tuoi successi e riconosci le aree di miglioramento. Usa queste riflessioni per rinnovare il tuo impegno e adattare il tuo corso secondo necessità.

Superare le battute d'arresto e mantenere il progresso è un aspetto vitale del viaggio storico verso l'autoconsapevolezza, la crescita personale e il miglioramento delle relazioni. Riconoscendo e affrontando le ricadute, gestendo i fallimenti con saggezza stoica e implementando strategie a lungo termine per il miglioramento continuo, puoi sostenere la tua crescita e la tua resilienza.

Ricorda, le battute d'arresto non sono la fine della strada ma le pietre miliari del tuo viaggio. Ogni sfida che affronti è un'opportunità per praticare e approfondire le tue virtù stoiche. Abbraccia questi momenti con coraggio e determinazione, sapendo che ogni sforzo che fai ti avvicina al meglio di te stesso.

Lascia che la saggezza degli stoici ti guidi mentre affronti le battute d'arresto e cerchi il miglioramento continuo. Con dedizione e perseveranza, coltiverai la resilienza, la saggezza e la compassione necessarie per superare le sfide e raggiungere una crescita e una realizzazione personale durature.

Capitolo 12: Un nuovo percorso da seguire

Sintetizzare lo stoicismo nella tua identità

Mentre ti trovi sulla soglia di un nuovo capitolo della tua vita, è tempo di integrare pienamente i principi stoici nel tuo stesso essere. Questa sintesi non riguarda solo l'applicazione di tecniche, ma l'incarnazione dell'essenza dello stoicismo in ogni aspetto della tua vita.

1. Interiorizzare le virtù stoiche: Le virtù stoiche fondamentali di saggezza, giustizia, coraggio e temperanza dovrebbero ora fungere da principi guida. La saggezza ti consente di navigare nella vita con chiarezza e intuizione. La giustizia garantisce che le vostre azioni siano giuste ed eque. Il coraggio ti aiuta ad affrontare le sfide con forza d'animo, mentre la temperanza porta equilibrio e autocontrollo. Insieme, queste virtù modellano la tua identità e dirigono le tue azioni.

2. Pratica coerente: Incarnare lo stoicismo richiede una pratica continua. Rendi gli esercizi e le riflessioni storiche una parte non negoziabile della tua routine quotidiana. La meditazione regolare, il journaling e l'autoriflessione rafforzano questi principi, rendendoli una seconda natura. Nel tempo, queste pratiche non diventeranno solo abitudini ma parti integranti di ciò che sei.

3. Sviluppare abitudini storiche: Le abitudini costituiscono il fondamento della nostra vita quotidiana. Coltiva abitudini che riflettono i valori storici. Pratica quotidianamente la gratitudine, la comunicazione consapevole e l'empatia. Affronta le sfide con una mentalità calma e razionale. Incorporando queste abitudini nella tua vita, i principi stoici diventano parte integrante della tua identità.

4. Allineare le azioni ai valori: Allinea costantemente le tue azioni ai valori stoici. Prima di prendere decisioni o reagire alle situazioni, chiediti se la tua risposta è in armonia con le virtù stoiche. Questo allineamento garantisce che il tuo comportamento rifletta i tuoi valori, rafforzando la tua identità di praticante stoico.

Celebrare la crescita personale e relazionale

Il tuo viaggio dal narcisismo all'autoconsapevolezza, alla crescita personale e al miglioramento delle relazioni è un risultato notevole. È essenziale riconoscere e celebrare i progressi che hai fatto, sia a livello personale che relazionale.

1. Riconosci la tua trasformazione: Rifletti sul tuo viaggio e riconosci i passi avanti significativi che hai fatto. Riconosci quanto sei arrivato dal tuo stato iniziale di narcisismo a un individuo più consapevole di sé e virtuoso. Questo riconoscimento non riguarda l'ego ma la onorare il tuo duro lavoro e la tua dedizione.

2. Festeggia le pietre miliari: Festeggia le tappe fondamentali del tuo viaggio. Che si tratti di una svolta nell'autoconsapevolezza, di un cambiamento positivo in una relazione o dell'applicazione riuscita di un principio stoico, prenditi del tempo per apprezzare questi risultati. Le celebrazioni rafforzano il comportamento positivo e motivano la crescita continua.

3. Apprezzare le relazioni migliorate: Riconosci l'impatto positivo che la tua trasformazione ha avuto sulle tue relazioni. Celebra le connessioni più profonde, la migliore comunicazione e la maggiore empatia che ora condivide con gli altri. Questi miglioramenti relazionali testimoniano la tua crescita e il potere della pratica stoica.

4. Condividi la gratitudine: Esprimi gratitudine a coloro che ti hanno supportato nel tuo viaggio. Riconosci gli amici, i familiari e i mentori che ti hanno incoraggiato e guidato. Condividere la tua gratitudine rafforza queste relazioni e promuove un senso di comunità e sostegno.

Ispirare gli altri attraverso il tuo viaggio

Il tuo viaggio può servire come faro di speranza e ispirazione per gli altri. Condividendo le tue esperienze e intuizioni, puoi ispirare gli altri a intraprendere i propri percorsi di autoconsapevolezza e crescita personale.

1. Dare l'esempio: Il modo più potente per ispirare gli altri è attraverso le tue azioni. Vivi la tua vita secondo i principi stoici. Dimostra saggezza, giustizia, coraggio e temperanza nelle tue interazioni quotidiane. Lascia che il tuo comportamento serva da testimonianza vivente del potere di trasformazione dello stoicismo.

2. Condividi la tua storia: Sii aperto riguardo al tuo viaggio e alle sfide che hai superato. Condividi la tua storia attraverso conversazioni, scritti o interventi. Condividendo in modo vulnerabile le tue esperienze, puoi connetterti con gli altri e ispirarsi a perseguire la propria crescita.

3. Mentore e supporto: Offrire guida e sostegno a coloro che lo cercano. Diventa un mentore per le persone che iniziano il loro viaggio verso l'autoconsapevolezza e la crescita personale. Condividi le tue conoscenze, offrire incoraggiamento e presta ascolto. Il tuo supporto può fare una differenza significativa nel loro viaggio.

4. Crea comunità: Promuovere un senso di comunità tra gli altri praticanti storici. Organizza gruppi di discussione, workshop o forum online in cui le persone possono condividere le proprie esperienze e imparare gli uni dagli altri. Costruire una comunità di sostegno e apprendimento condiviso amplifica l'impatto della pratica storica.

Mentre avanzi in questo nuovo percorso, ricorda che il viaggio verso l'autoconsapevolezza, la crescita personale e il miglioramento delle relazioni è in corso. Ogni giorno offre un'opportunità per approfondire la tua pratica, incarnare i principi storici e continuare la tua trasformazione.

Sintetizzando lo stoicismo nella tua identità, celebrando la tua crescita e ispirando gli altri attraverso il tuo viaggio, contribuisci a un mondo in cui le persone lottano per la virtù, la saggezza e le connessioni significative. I tuoi progressi non solo arricchiscono la tua vita, ma servono anche da catalizzatore per un cambiamento positivo nella vita degli altri.

Abbracciate questo nuovo percorso con fiducia e determinazione. Lascia che la saggezza degli stoici ti guidi, il sostegno della tua comunità ti elevi e il riconoscimento dei tuoi risultati ti motivi. Ad ogni passo ti avvicini a una vita di virtù, realizzazione e connessioni profonde.

Il viaggio è impegnativo, ma le ricompense sono immense. Continua a praticare, riflettere e crescere. Lascia che la tua vita sia una testimonianza del potere di trasformazione dello stoicismo, ispirando gli altri a intraprendere i loro percorsi di scoperta di sé e di crescita. Insieme, possiamo creare un mondo in cui prevalgono saggezza, giustizia, coraggio e temperanza, portando a vite più ricche e significative per tutti.

Conclusione

Riflettendo sul viaggio

Mentre chiudi questo libro e ripensi al viaggio che hai intrapreso, è essenziale apprezzare la profonda trasformazione che hai avviato dentro di te. Dai primi passi verso l'autoconsapevolezza alla continua ricerca della crescita personale e alla coltivazione di relazioni più profonde e significative, il tuo percorso è stato segnato dal coraggio, dalla resilienza e dall'impegno a diventare una versione migliore di te stesso.

Ricorda, la strada verso l'autoconsapevolezza e il miglioramento personale non è lineare. È pieno di sfide e battute d'arresto, ma sono proprio questi ostacoli che hanno forgiato la tua forza e saggezza. Rifletti sui momenti in cui hai affrontato le tue tendenze narcisistiche a testa alta, quando hai scelto l'empatia rispetto all'ego e quando ti sei rivolto ai principi stoici per guidare le tue azioni e decisioni. Ognuno di questi momenti è una testimonianza della tua crescita e della tua determinazione a vivere una vita virtuosa.

Ricapitolando le principali intuizioni e trasformazioni

In questo libro abbiamo esplorato come la saggezza senza tempo dello stoicismo possa trasformare la mentalità narcisistica in una mentalità fatta di empatia, umiltà e forza. Ricapitoliamo alcune delle principali intuizioni e trasformazioni che hanno segnato il tuo viaggio:

1. Consapevolezza di sé e riflessione onesta: Riconoscere le tendenze narcisistiche e comprenderne le radici è stato il primo passo fondamentale. Attraverso una riflessione onesta e un attento autoesame, hai imparato a identificare e affrontare questi modelli.

2. Abbracciare le virtù stoiche: Adottando le virtù stoiche di saggezza, giustizia, coraggio e temperanza, hai sviluppato una struttura per una vita etica ed equilibrata. Queste virtù hanno guidato le tue azioni, aiutandoti a prendere decisioni in linea con il tuo sé superiore.

3. Superare l'ego e abbracciare l'empatia: Una delle trasformazioni più significative è stata il passaggio dall'egocentrismo all'empatia. Praticando la compassione e cercando di comprendere gli altri, hai costruito relazioni più forti e significative.

4. Comunicazione efficace e risoluzione dei conflitti: Lo stoicismo ti ha fornito gli strumenti per una comunicazione chiara e rispettosa. Hai imparato a gestire i conflitti con compostezza e razionalità, rafforzando le tue connessioni con gli altri.

5. Creare una pratica stoica quotidiana: Integrare lo stoicismo nella tua routine quotidiana è stato cruciale per sostenere la tua crescita. Attraverso la meditazione, il diario e la riflessione, ti sei assicurato che i principi stoici rimanessero una forza guida nella tua vita.

6. Resilienza di fronte alle battute d'arresto: Accettare gli ostacoli come opportunità di crescita ha rafforzato la tua resilienza. Hai imparato a vedere le sfide come parte del viaggio, non come ostacoli al tuo progresso.

Incoraggiamento alla crescita continua

Il tuo viaggio non finisce qui. I principi e le pratiche che hai imparato sono strumenti per tutta la vita che continueranno a supportare la tua crescita. Ogni giorno è una nuova opportunità per praticare lo stoicismo, per approfondire la tua autoconsapevolezza e per coltivare le tue relazioni.

1. Mantieni il tuo impegno: L'impegno per la crescita personale e la consapevolezza di sé è continuo. Continua a praticare gli esercizi stoici, rifletti sulle tue azioni e sforzati di incarnare le virtù in ogni aspetto della tua vita.

2. Cerca la saggezza: Mai smettere di imparare. Leggi e rileggi testi storici, cerca nuove prospettive e interagisci con una comunità di persone che la pensano allo stesso modo. La saggezza è un viaggio, non una destinazione.

3. **Accettare le sfide:** Considera le sfide non come battute d'arresto ma come opportunità per rafforzare la tua pratica storica. Ogni ostacolo è un'opportunità per applicare ciò che hai imparato e diventare più forte.

4. **Relazioni adottive:** Continuare a costruire e coltivare relazioni significative. Pratica l'empatia, comunica apertamente e risolve i conflitti con grazia. Le relazioni forti sono fonte di forza e gioia.

Le ultime parole di saggezza dei pensatori stoici

Concludendo, lascia che la saggezza senza tempo dei pensatori stoici ti guidi nel tuo viaggio continuo:

Epitteto: "Non è quello che ti succede, ma il modo in cui reagisci che conta." Le tue reazioni sono sotto il tuo controllo. Scegli di rispondere con saggezza e virtù.

Marco Aurelio: "Hai potere sulla tua mente, non sugli eventi esterni. Renditi conto di questo e troverai la forza". Concentrati sul controllo della tua mente e delle tue azioni e troverai la vera forza.

Seneca: "Soffriamo più spesso nell'immaginazione che nella realtà." Non lasciarti influenzare da paure e ansie. Affronta la realtà con coraggio e razionalità.

Epitteto: "Chi ride di se stesso non resta mai a corto di cose di cui ridere." Abbraccia l'umiltà e impara a ridere dei tuoi difetti. Ciò favorisce la resilienza e la gioia.

Marco Aurelio: "La felicità della tua vita dipende dalla qualità dei tuoi pensieri." Coltiva pensieri positivi e virtuosi e la tua vita riflette quella pace interiore.

Un nuovo inizio

Mentre esci da questo libro, sappi che sei dotato degli strumenti e della saggezza per affrontare la vita con resilienza, compassione e scopo. Il tuo è un cammino di crescita continua, scandito dalla pratica quotidiana delle virtù stoiche.

Abbraccia ogni giorno come un'opportunità per imparare, crescere e connetterti più profondamente con te stesso e gli altri. Lascia che i principi dello stoicismo siano la tua guida, conducendomi verso una vita piena di appagamento e relazioni significative. Ricorda, il percorso che percorri non è solo a tuo vantaggio, ma può ispirare ed edificare chi ti circonda.

Nelle parole di Seneca: "Finché vivi, continua a imparare a vivere". Continua a impegnarti, continua a imparare e continua a crescere. Il tuo viaggio di autoconsapevolezza, crescita personale e miglioramento delle relazioni è una testimonianza del potere della saggezza stoica e della forza dentro di te.

Andate avanti con fiducia e coraggio. Il meglio deve ancora venire.

Appendici

Risorse addizionali

Mentre continui il tuo viaggio verso l'autoconsapevolezza, la crescita personale e il miglioramento delle relazioni, avere una ricchezza di risorse a tua disposizione ha un valore inestimabile. Questo appendice fornisce un elenco completo di risorse aggiuntive, letture consigliate, comunità online ed esercizi guidati per supportare e approfondire la tua pratica storica.

Letture consigliate e testi filosofici

La saggezza della filosofia stoica è senza tempo ed è stata catturata in molti testi profondi. Ecco un elenco curato di letture essenziali che forniranno approfondimenti più profondi e ispirazione continua.

1. Testi stoici classici:

- **Meditazioni di Marco Aurelio:** Una raccolta di scritti personali dell'imperatore romano che offre profonde riflessioni sulla filosofia stoica e consigli pratici per vivere una vita virtuosa.

- **Lettere da uno stoico di Seneca:** Una serie di lettere che forniscono indicazioni etiche e spunti per gestire le avversità con saggezza e tranquillità.

- **Discorsi e Enchiridion di Epitteto:** Insegnamenti di Epitteto, un ex schiavo diventato filosofo stoico, che sottolineano il potere della libertà interiore e l'importanza di concentrarsi su ciò che possiamo controllare.

2. Interpretazioni moderne:

- **The Daily Stoic di Ryan Holiday e Stephen Hanselman:** Un devozionale quotidiano che offre una lezione stoica per ogni giorno dell'anno, accompagnata da un commento penetrante.

- **L'ostacolo è la strada di Ryan Holiday:** Una guida pratica che applica i principi stoici per superare le sfide e trasformare le avversità in vantaggio.

- **Come essere storico di Massimo Pigliucci:** Una versione moderna della filosofia stoica che esplora come applicare la saggezza stoica nella vita contemporanea.

3. Testi filosofici supplementari:

- **Sulla brevità della vita di Seneca:** Un saggio che ci incoraggia a sfruttare al meglio il nostro tempo e a vivere una vita con uno scopo.

- **L'arte di vivere di Epitteto:** Una raccolta degli insegnamenti di Epitteto compilata da Sharon Lebell, che offre consigli pratici sull'applicazione dei principi stoici alla vita di tutti i giorni.

- **Una guida alla bella vita di William B. Irvine:** Un manuale moderno sullo stoicismo che esplora la sua storia e fornisce tecniche pratiche per vivere una vita appagante.

Comunità online e reti di supporto

Coinvolgere una comunità di persone che la pensano allo stesso modo può fornire supporto, ispirazione e senso di appartenenza. Ecco alcune comunità online e reti di supporto in cui puoi connetterti con altri praticanti storici.

1. Reddit:

- **r/Stoicismo:** Una comunità vivace in cui puoi discutere della filosofia stoica, condividere esperienze e chiedere consiglio ad altri praticanti.

2. Gruppi Facebook:

- **Gruppo Stoicismo:** Un gruppo ampio e attivo in cui i membri condividono approfondimenti, articoli e si impegnano in discussioni approfondite sulla pratica storica.
- **Discussione sullo stoicismo:** Uno spazio per discussioni filosofiche più approfondite e applicazioni pratiche dei principi stoici.

3. Forum e siti Web dedicati:

- **Compagnia storica:** Una rete globale di gruppi e professionisti storici. Offre incontri locali, discussioni online e risorse per approfondire la tua pratica.
- **Stoicismo moderno:** Un'organizzazione dedicata alla promozione della filosofia stoica attraverso eventi, corsi e contenuti online. Ospita la conferenza annuale Stoico e la Stoic Week, un evento globale che invita le persone a vivere come uno stoico per una settimana.

4. App e risorse digitali:

- **App store:** Un'app mobile che offre citazioni giornaliere, esercizi e suggerimenti per il diario per supportare la tua pratica stoica.
- **Stoa:** Un'app che combina teoria e pratica stoica, offrendo meditazioni quotidiane, approfondimenti filosofici e riflessioni guidate.

Esercizi e meditazioni guidate

Esercizi pratici e meditazioni sono fondamentali per integrare i principi stoici nella tua vita quotidiana. Ecco alcuni esercizi guidati e meditazioni per aiutarti a coltivare le virtù stoiche e mantenere la tua pratica.

1. Riflessioni mattutine e serali:

- **Meditazione del mattino:** Inizia la giornata con una breve meditazione incentrata su temi storici come la gratitudine, la definizione delle intenzioni e la visualizzazione di potenziali sfide. Rifletti su come puoi applicare le virtù stoiche durante il giorno.

- **Riflessione serale:** Conclude la giornata con una riflessione sulle tue azioni e pensieri. Valuta quanto bene hai incarnato i principi stoici e considera ciò che hai imparato dalle esperienze della giornata.

2. Visualizzazione negativa:

- **Scopo:** Questo esercizio ti aiuta ad apprezzare ciò che hai immaginando la perdita delle cose a cui tieni.

- **Pratica guidata:** Trascorri qualche minuto visualizzando l'assenza di qualcosa o qualcuno importante per te. Rifletti su come questa perdita ti influenzerebbe e su come la affronteresti. Questa pratica favorisce la gratitudine e la resilienza.

3. Dicotomia di controllo:

- **Scopo:** Concentrarsi su ciò che è sotto il proprio controllo e lasciare andare ciò che non lo è.

- **Pratica guidata:** Identifica una situazione che ti causa stress. Dividilo in aspetti che puoi controllare (le tue azioni, pensieri e risposte) e quelli che non puoi controllare (azioni degli altri, eventi esterni). Concentra la tua energia su ciò che puoi influenzare e rilascia le preoccupazioni su ciò che non puoi influenzare.

4. Suggerimenti per l'inserimento nel journal:

- **Ingressi giornalieri:** Usa i suggerimenti per guidare le tue riflessioni. Gli esempi includono: "Cosa ho fatto bene oggi?" "Dove ho fallito?" "Come posso migliorare domani?"
- **Diario della gratitudine:** Scrivi regolarmente le cose per cui sei grato. Questa pratica sposta la tua attenzione sugli aspetti positivi della tua vita e favorisce la contentezza.

5. Affermazioni storiche:

- **Scopo:** Rafforzare i principi e le virtù stoici.
- **Pratica guidata:** Crea un elenco di affermazioni che risuonano con gli insegnamenti storici. Gli esempi includono: "Accetto ciò che non posso cambiare e mi concentro su ciò che posso". "Mi sforzo di vivere secondo natura e ragione." Ripeti queste

affermazioni ogni giorno per rafforzare il tuo impegno verso i valori stoici.

Le risorse fornite in questo appendice sono progettate per supportare e approfondire la tua pratica storica mentre continui il tuo viaggio verso l'autoconsapevolezza, la crescita personale e il miglioramento delle relazioni. Interagendo con questi materiali, comunità ed esercizi, troverai ispirazione, supporto e strumenti pratici continui per aiutarti a incarnare i principi stoici in ogni aspetto della tua vita.

Ricorda, il percorso verso la maestria è un processo continuo di apprendimento, pratica e riflessione. Abbraccia questo viaggio con dedizione e perseveranza, sapendo che ogni passo che fai ti avvicina a una vita di virtù, realizzazione e connessioni significative. Lascia che la saggezza degli stoici ti guidi, il sostegno della tua comunità ti elevi e le intuizioni delle tue riflessioni ti rafforzino. Il tuo viaggio è una testimonianza del potere della filosofia stoica e del tuo impegno per la crescita e la trasformazione personale.

Glossario di termini

Apatheia: Uno stato di libertà da disturbi emotivi. Nella filosofia stoica, è la condizione ideale in cui non si è influenzati dagli eventi esterni ma si mantiene la pace interiore.

Atarassia: Uno stato di serena calma. Per gli stoici rappresenta la massima tranquillità, raggiunta attraverso la pratica della virtù e della razionalità.

Dicotomia del controllo: Un principio stoico fondamentale che distingue tra ciò che è sotto il nostro controllo (i nostri pensieri, azioni e atteggiamenti) e ciò che non lo è (eventi esterni e azioni degli altri).

Eudaimonia: Spesso tradotto come "fiorente" o "la bella vita", si riferisce al più alto bene umano nella filosofia stoica, raggiunto vivendo secondo virtù.

Loghi: Il principio razionale che governa l'universo nel pensiero stoico. È spesso equiparato alla natura, alla ragione o a Dio.

Prohairesis: Il carattere morale o la capacità di prendere decisioni basate sul pensiero razionale. È l'aspetto di sé che è completamente sotto il proprio controllo.

Simpatia: L'idea stoica di interconnessione e interesse reciproco tra tutti gli esseri. Sottolinea la nostra comune umanità e la necessità di prenderci cura gli uni degli altri.

Virtù: Il bene più alto nella filosofia stoica, comprendente saggezza, giustizia, coraggio e temperanza. Vivere virtuosamente è la via verso la vera felicità.

Saggezza: La capacità di affrontare la vita con ragione e intuizione. È considerata la virtù più importante, che guida la pratica di tutte le altre virtù.

Giustizia: Equità e rettitudine morale nel trattare con gli altri. Implica trattare le persone con rispetto e agire nell'interesse del bene comune.

Coraggio: La forza di affrontare paure, difficoltà e sfide con resilienza e coraggio.

Temperanza: Autocontrollo e moderazione in tutti gli aspetti della vita. È la capacità di bilanciare desideri e azioni secondo la ragione.

Indice

Guida di riferimento rapido ad argomenti e idee importanti

1. Comprendere il narcisismo:

2. Principi chiave stoici:

3. Esercizi pratici:

4. Costruire relazioni:

- Comunicazione efficace: pagina 55
- Tecniche di risoluzione dei conflitti: pagina 59
- Rafforzare i legami: pagina 78

5. Creare una pratica quotidiana:

- Progettare una routine stoica personalizzata: pagina 89
- Strumenti e risorse per la pratica continua: pagina 110

6. Superare le battute d'arresto:

- Riconoscere e affrontare le ricadute: Pagina 103
- Approcci stoici alla gestione del fallimento: pagina 104
- Strategie a lungo termine per il miglioramento continuo: pagina 105

7. Citazioni storiche ispiratrici:

- Da Epitteto, Marco Aurelio, Seneca: In tutto il libro

Utilizzando questo glossario, indice e guida di riferimento rapido, puoi navigare facilmente tra i concetti chiave, gli esercizi e le risorse in "Stoicismo per narcisisti: un percorso verso l'autoconsapevolezza, la crescita personale e le relazioni migliorate". Questi strumenti ti aiuteranno ad approfondire la tua comprensione e applicazione della filosofia stoica, assicurando che il tuo viaggio verso una vita virtuosa e appagante sia completo e ben supportato.

www.ingramcontent.com/pod-product-compliance
Lightning Source LLC
Chambersburg PA
CBHW061638250726
48659CB00004B/1280